本书受"江西财经大学法治江西建设协同创新中心专著出版经费"资助出版

法|学|研|究|文|丛

国家治理视域下税收立法前评估研究

易有禄 著

知识产权出版社
全国百佳图书出版单位
——北京——

图书在版编目（CIP）数据

国家治理视域下税收立法前评估研究 / 易有禄著 . —北京：知识产权出版社，2021.12

ISBN 978-7-5130-7800-9

Ⅰ. ①国… Ⅱ. ①易… Ⅲ. ①税法—立法—研究—中国　Ⅳ. ①D922.220.4

中国版本图书馆 CIP 数据核字（2021）第 211294 号

责任编辑：刘　睿　邓　莹	责任校对：谷　洋
封面设计：智兴设计室	责任印制：刘译文

国家治理视域下税收立法前评估研究
易有禄　著

出版发行：知识产权出版社 有限责任公司	网　　址：http://www.ipph.cn
社　　址：北京市海淀区气象路 50 号院	邮　　编：100081
责编电话：010-82000860 转 8346	责编邮箱：dengying@cnipr.com
发行电话：010-82000860 转 8101/8102	发行传真：010-82000893/82005070/82000270
印　　刷：天津嘉恒印务有限公司	经　　销：新华书店、各大网上书店及相关专业书店
开　　本：880mm×1230mm　1/32	印　　张：5.625
版　　次：2021 年 12 月第 1 版	印　　次：2021 年 12 月第 1 次印刷
字　　数：150 千字	定　　价：38.00 元
ISBN 978-7-5130-7800-9	

出版权专有　侵权必究

如有印装质量问题，本社负责调换。

目 录

第一章 税收立法与国家治理现代化 (1)
  第一节 税收法定原则与国家治理 (1)
    一、税收法定原则的入宪 (1)
    二、税收法定原则的内涵 (4)
    三、税收法定原则的发展 (8)
    四、税收法定原则对国家治理的意义 (18)
  第二节 税收立法质量与国家治理 (21)
    一、国家治理现代化对税收立法的新要求 (21)
    二、现阶段我国税收立法存在的主要问题 (30)
    三、我国税收立法高质量发展的基本路径 (39)

第二章 税收立法前评估的一般理论 (58)
  第一节 税收立法前评估的概念与原则 (58)
    一、税收立法前评估的概念 (58)
    二、税收立法前评估的原则 (62)
  第二节 税收立法前评估的必要性分析 (65)
    一、立法前评估的一般功能 (65)
    二、税收立法的特有属性 (68)
    三、税收立法的实践需要 (72)

第三节 税收立法前评估的可行性分析 (75)
一、立法前评估的制度基础 (76)
二、立法前评估的实践基础 (77)
三、立法前评估的理论基础 (84)

第三章 税收立法前评估的主体和对象 (88)
第一节 税收立法前评估的主体 (88)
一、税收立法前评估主体的概念 (88)
二、税收立法前评估主体的类型 (89)
三、税收立法前评估主体的模式 (94)

第二节 税收立法前评估的对象 (101)
一、税收立法前评估对象的概念 (101)
二、税收立法前评估对象的类型 (102)
三、税收立法前评估对象的选择 (109)

第四章 税收立法前评估的内容和标准 (114)
第一节 税收立法前评估的内容 (114)
一、税收立法前评估内容概述 (114)
二、税收立法项目的必要性与可行性评估 (115)
三、税收法律草案的合法性与合理性评估 (118)
四、税收立法的成本效益评估与预期影响评估 (124)

第二节 税收立法前评估的标准 (126)
一、税收立法前评估标准的内涵 (126)
二、税收立法前评估的指标体系 (127)
三、税收立法前评估指标的量化 (132)

第五章 税收立法前评估的程序和方法 (134)
第一节 税收立法前评估的程序 (134)
一、税收立法前评估程序概述 (134)

二、税收立法前评估的启动程序 ……………………（142）
　　三、税收立法前评估的实施程序 ……………………（145）
　　四、税收立法前评估的回应程序 ……………………（150）
　第二节　税收立法前评估的方法 ………………………（153）
　　一、评估信息的收集方法 ……………………………（153）
　　二、评估分析方法 ……………………………………（155）
附录：中国税种法税收法律 ………………………………（159）
　1. 中华人民共和国个人所得税法 ……………………（159）
　2. 中华人民共和国企业所得税法 ……………………（160）
　3. 中华人民共和国车船税法 …………………………（160）
　4. 中华人民共和国环境保护税法 ……………………（161）
　5. 中华人民共和国船舶吨税法 ………………………（161）
　6. 中华人民共和国烟叶税法 …………………………（161）
　7. 中华人民共和国车辆购置税法 ……………………（161）
　8. 中华人民共和国耕地占用税法 ……………………（162）
　9. 中华人民共和国资源税法 …………………………（162）
　10. 中华人民共和国契税法 ……………………………（162）
　11. 中华人民共和国城市维护建设税法 ………………（162）
　12. 中华人民共和国印花税法 …………………………（163）
参考文献 ……………………………………………………（164）
致　谢 ………………………………………………………（174）

第一章 税收立法与国家治理现代化

第一节 税收法定原则与国家治理

一、税收法定原则的入宪

一般认为,税收法定原则作为税法的首要原则发端于英国。1215年的《自由大宪章》第12条关于"在王国中,非依王国之一般议会同意,不得征收任何兵役免除金或纳贡"的规定已初露税收法定原则的萌芽;1628年的《权利请愿书》第2条重申了过去限制国王征税的法律,并提出,"国王陛下之臣民,如无议会全体一致通过,有不受强制赋课任何税金、年贡金或其他类似负担金之自由";1689年的《权利法案》第4条规定,"凡未经国会准许,借口国王特权,为国王而征收,或供国王使用而征收金钱,超出国会准许之时限或方式者,皆为非法",正式确立了近代意义的税收法定原则。❶ 此后,随着立宪主义的兴起和发展,税收法定原则被越来越多的国家写入宪法,将其作为一项宪

---

❶ 张守文:"论税收法定主义",载《法学研究》1996年第6期。

法原则予以确认。❶根据学者对亚洲、欧洲、美洲和大洋洲的111个国家的宪法文本的考察,在这些国家的宪法中,包含明确的税收法定原则条款的有85个,占比为77%。❷

税收法定原则入宪的具体原因,在不同国家间可能存在一定的差异,但其理论依据,则可以从宪法的人权保障使命与税收法定原则的人权保障机能的契合中获得统一的解释。控制公权力以保障基本人权是宪法的首要使命。从权力控制的视角看,所谓宪法,实乃"限法",即"限权之法";而限权之最终目的又在于保障基本人权不受公权力之不法侵害。对国家权力的制约机能作为税收法定原则的最初始、最直接的机能,原来主要是针对征税执行权而言的,后来随着税收法定原则的发展,又具有了约束税收立法权的机能。保障基本人权则是税收法定原则的最根本的机能。税收在本质上被认为是国家对符合法定课税要件的主体无偿课征资财以获取财政收入的活动,它是将私人经济主体的部分财富转为国有的手段,是加在人民身上的负担。因此,调整税收关系的税法通常被视为侵权规范,是侵害人民权利的法律,为使人民的财产权免遭非法侵害,就必须要求税收的课征有法律依据,从而形成了税法上至为重要的原则——税收法定主义。❸

---

❶ 正如有学者指出的,"此后,各国亦纷纷将税收法定主义作为宪法原则加以确认,尤其是倡导法治的国家,无论其发达程度、地理位置、社会制度、气候条件、历史传统如何,多注重在其宪法中有关财税制度的部分,或在有关国家机构、权力分配、公民权利和义务的规定中,对税收法定主义予以明确规定"。张守文:"论税收法定主义",载《法学研究》1996年第6期。

❷ 翟继光:"税收法定原则比较研究",载《杭州师范学院学报》2005年第2期。

❸ [日]金子宏著,刘多田等译:《日本税法原理》,中国财政经济出版社1989年版,第48页。

第一章 税收立法与国家治理现代化

税收法定之"法",主要是指狭义的法律,即由立法机关所创制之法,而随着代议制民主的兴起和普及,立法机关之成员在大多数国家均由选民选举产生,因此,立法机关本身就是民主政治的产物和象征。随着公民创制、复决及立法听证等在立法过程中的采用,则更进一步体现了立法的民主性。依法行政是法治的基本要求,依法行使征税执行权则是依法行政在税收领域的具体表现。税收法定原则要求征税主体必须且仅依法律的规定实施征税行为,也就是要在国家财政权和国民财产权二者关系的调整上,确立法律的最高权威。由此可见,税收法定原则在具有权力制约及人权保障机能的同时,还具有彰显民主法治的机能。

税收法定原则之入宪,除了基于税收法定原则的人权保障功能和宪法的人权保障使命的契合之外,另一重要的理论依据是宪法的根本性。所谓宪法的"根本性",按照中华民国时期著名宪法学者费巩先生的说法,既指宪法之为根本法,以其为政治组织之基础,而较任何其他法律更为固定坚确,亦指宪法较其他法律更为重要。其外在表现主要有二:一是宪法的地位与效力高于普通法律;二是宪法的修改程序难于普通立法。[1] 因此,将税收法定原则写入宪法,一方面使该原则的有关规定具有宪法规范的地位和效力,从而更有利于实现其各项机能,另一方面则因宪法修改程序的复杂性和严格性而更有利于保持其稳定性。唯有如此,才能使之成为指导一切税收立法、执法及司法活动的基本准则和出发点。

---

[1] 费巩:《比较宪法》,法律出版社2007年版,第5-7页。

二、税收法定原则的内涵

税收法定原则的基本含义是指税收的征纳必须有法律依据，没有法律依据，国家不得随意课税，任何人也不得被要求纳税。"有税必有法，未经立法不得征税"被认为是对税收法定原则的经典表达。关于税收法定原则的具体内容，学界的概括众说纷纭，主要有以下几种观点：一是认为其应包括"课税要素法定主义、课税要素明确主义、合法性原则和程序保障原则"；❶ 二是认为其应包括"课税要素法定原则、课税要素明确原则和程序合法原则"；❷ 三是认为其应包括"税种法定原则、税收要素确定原则和程序法定原则"；❸ 四是认为其应包括"税收法定主义、征税要素明确主义及禁止溯及既往和类推适用原则"。❹

上述关于税收法定原则的界定和具体内容的代表性观点，虽然在具体表述上存在一定差异，但均揭示了税收法定原则的基本内核——法律保留。税收立法中的法律保留，亦称"议会保留"，是指征税主体征税必须且仅依立法机关制定的法律来进行；其实质是要确保立法机关对征税立法权的控制，并由此来制约政府的征税执行权。❺ 因此，税收法定原则中的"法"并非指

---

❶ [日] 金子宏著，刘多田等译：《日本税法原理》，中国财政经济出版社1989年版，第50-54页。

❷ 张守文："论税收法定主义"，载《法学研究》1996年第6期。

❸ 覃有土等："论税收法定主义"，载《现代法学》2000年第3期。

❹ 王颖："税收法定与税收授权立法"，载《江西财经大学学报》2006年第6期。

❺ 法律保留是"法治国"理念下的产物，本来是旨在制约国家权力对公民权利的肆意侵害，将国家权力对基本权利的限制"保留"在法律上，即只容许通过国家立法机关制定的法律才能对基本权利作出规制。在基本人权的保障中，法律保留表现为两种具体的方式，即"规范保留"和"限制保留"。

法的整体,即包括议会立法、行政立法等在内的广义的法律,而仅指立法机关制定的狭义的法律。世界各国宪法中所规定的税收法定原则,一般也是指狭义的法律,但其严格程度不一。在相关学者考察的111个国家的宪法中,强调基本税收事项只能由狭义的法律而不能由其外的法律渊源予以规定的国家有24个,占85个规定税收法定原则国家的28%。❶

在税收立法上采用法律保留,其机理在于通过立法机关对征税立法权的控制及对政府征税执行权的制约来实现人权保障的需要,是权力分立与制衡原则在税收领域的具体体现。如前文所述,税收是国家加之于人民的一种财产性负担,国家的征税行为构成对人民的财产和自由的干预,因此必须征得人民的同意;而征得人民之同意,在近现代代议制民主政治下,主要不是采取直接的方式,而是采取间接的方式,即在假定作为代议机关的立法机关确能代表民意的前提下,由其制定法律来表征人民的同意。这样,既使立法机关制定税收法律的立法行为获得了正当性,又将征税主体的征税行政行为严格限定于立法机关制定的法律的范围之内。

在西方分权思想的理论脉络中,无论是洛克还是孟德斯鸠,都主张立法权和执行权分立。洛克认为,如果同一批人同时拥有立法权和执行权,他们就会滥用权力,使自己免于服从他们所制定的法律,并在立法和执法时,使法律适于私利,从而违背政府的宗旨。❷孟德斯鸠则指出:"一切有权力的人都容易滥用权力,

---

❶ 翟继光:"税收法定原则比较研究",载《杭州师范学院学报》2005年第2期。

❷ [英]洛克著,启芳、瞿菊农译:《政府论(下篇)》,商务印书馆1964年版,第89页。

这是万古不易的一条经验……从事物的性质来说，要防止滥用权力，就必须以权力约束权力。"❶ 根据权力分立与制衡原则，征税权也应一分为三，即征税立法权、征税执行权和征税司法权，并分别由立法机关、行政机关和司法机关行使之。政府作为执行机关，既是征税行为的实施者，又是满足人民对公共服务的需要的实际执行者，倘若再赋予其税收立法权，则必将导致其权力的不合理扩张，而致人民的财产和自由处于岌岌可危之境地。故在税收立法上必须采用法律保留，由立法机关保留此立法权，并经由其制定的法律来制约政府的征税行为。

为弥补税收法定原则的宪法缺失，全国人民代表大会常务委员会和全国人民代表大会在制定《税收征收管理法》和《立法法》时对作为该原则基本内核的法律保留作了相应规定。其中，《税收征收管理法》第3条规定："税收的开征、停征以及减税、免税、退税、补税，依照法律的规定执行；法律授权国务院规定的，依照国务院制定的行政法规的规定执行。"《立法法》则于第8条规定全国人大及其常委会的专属立法事项时将税收基本制度列入只能制定法律的范围，同时于第9条规定第8条所列事项尚未制定法律的，全国人大及其常委会有权作出决定，授权国务院可以根据实际需要，对其中的部分事项先制定行政法规，但是有关犯罪和刑罚、对公民政治权利的剥夺和限制人身自由的强制

---

❶ ［法］孟德斯鸠著，张雁深译：《论法的精神（上册）》，商务印书馆1959年版，第184页。

措施和处罚、司法制度等事项除外。❶

上述《税收征收管理法》的规定不仅包含概括性的授权规定，而且仅是从行政征收权的角度体现了税收法定主义的内涵，不能涵盖宪法层面上课税要素法定、课税要素明确等规制立法权的内涵;❷《立法法》的规定虽然是直接规范税收立法权的，但其授权规定同样使之与税收法定原则的基本要求有所背离。因此，二者并不能完全弥补税收法定原则的宪法缺失。然而，在修改现行宪法确立税收法定主义之前，它们又为实现中国税收立法权的回归提供了一种可行的现实路径。因为从法律解释学的角度看，《税收征收管理法》和《立法法》的上述规定均明确了税收立法权由全国人大及其常委会行使是"原则"，经授权由国务院行使是"例外"。很显然，我国税收立法实践中的国务院主导税收立法权行使恰恰是将二者之间的关系倒置了。近年来，我国学界和国家立法机关倡导的税收立法权的回归，实际上就是要将这种被倒置的关系矫正过来，改变长期以来国务院主导税收立法权行使的格局，实现全国人大及其常委会主导税收立法权的目的。故此，在税收立法中坚持法律保留原则、严格限制授权立法也就成为解决该问题的既回应现实又合乎逻辑的路径。从 2015 年《立法法》修改后，我国新设税种的税法均由全国人大常委会制定和原有税收行政法规逐步上升为税收法律的情况来看，近年来

---

❶ 2000 年《立法法》第 8 条没有将税收基本制度单列为全国人大及其常委会的专属立法事项，而是将其与基本经济制度和财政、海关、金融和外贸的基本制度并列，2015 年修改后的《立法法》为凸显税收法定主义，不仅将"税种的设立、税率的确定和税收征收管理等税收基本制度"单列为全国人大及其常委会的专属立法事项，还进一步细化和严格了授权立法的相关规定。

❷ 钱俊文:《国家征税权的合宪性控制》，法律出版社 2007 年版，第 224 页。

我国的税收立法正是沿着这一路径发展而呈现出法治化的趋势的。❶

三、税收法定原则的发展

税收法定原则的内涵与具体内容并非一成不变，而是伴随着各个国家和地区经济、政治、社会及文化的变迁不断发展。在税收法定原则的发展变化中，最为根本性的变化主要表现在两个方面：其一是授权立法对法律保留原则的挑战；其二是税收法定原则对立法权的制约性。

（一）授权立法对法律保留原则的挑战

授权立法，一般是指立法机关通过法定形式将其享有的某些立法权授予行政机关，行政机关依据授权法创制法规的行为。授权立法的出现，既有深刻的经济、政治及社会背景，也有立法机关或立法需求本身的原因；前者构成了授权立法产生和存在的外在条件，后者则是授权立法产生和存在的内在理论依据。英国学者詹宁斯指出，就立法机关或立法需求本身的原因而言，主要包括：(1) 议会立法时间有限；(2) 现代立法内容极具技术性；(3) 对于紧急事件急速处理的必要；(4) 授权立法面对新情况具有更大的适应性；(5) 授权立法有从容实验，不断完善的机会；(6) 授权立法是应付紧急情况，保障人民利益的需要。❷

授权立法既是政府职能扩张的体现，也是政府职能扩张的产

---

❶ 邓辉、王新有："走向税收法治：我国税收立法的回顾与展望"，载《税务研究》2019年第7期。

❷ ［英］詹宁斯著，蓬勃译：《英国议会》，商务印书馆1959年版，第489-490页。

物，它使传统上仅作为执行机关的政府拥有了广泛的立法权。进入20世纪后，授权立法在西方国家发展迅速。以英国和美国为例，1891年，英国授权立法的数量还只是议会立法数量的两倍，而到了1920年，其授权立法的数量增加至五倍于议会立法的数量；❶在美国，直到1928年，法院才第一次承认授权立法，此后的发展却使得立法的重心由国会转移到政府，以至于政府制定的"法规犹如汪洋大海，法律只是漂浮在大海中的少数孤岛"。❷为了防止政府滥用授权立法，大多数国家对授权立法都设置了严格的条件。例如，根据美国联邦最高法院判例确立的原则，授权立法成立的条件就包括：（1）国会对于授权事项须有授权的权力；（2）国会须明确限定授权的范围——明确授权的主题，定明政策，确定授权立法的标准；（3）国会应于偶发性事件的立法中规定其要决定的范围；（4）国会仅可授权于公务员或行政机关，不得对私人或团体授权；（5）任何违犯法规的处罚须由国会亲自规定。❸

授权立法的迅速发展，不可能不对法律保留原则构成挑战。就税收立法领域而言，主要表现为绝对的法律保留原则开始向相对的法律保留原则转变。所谓绝对的法律保留原则，是指税法规范只能以立法机关制定的法律作为唯一的表现形式，即立法机关是税收立法权的唯一享有者，税收立法权为立法机关所垄断；而相对法律保留原则，则意味着立法机关不再是税收立法权的唯一享有者，政府基于授权法也可以制定税法规范。但是，即便是在

---

❶ 邓世豹：《授权立法的法理思考》，中国人民公安大学出版社2002年版，第35页。

❷ 曾繁正等：《美国行政法》，红旗出版社1998年版，第21页。

❸ 李林：《立法理论与制度》，中国法制出版社2005年版，第461-462页。

相对法律保留原则之下，立法机关对于基本税收事项仍然享有排他的立法权，也就是说，政府虽然可以根据立法机关的授权行使部分税收立法权，但无权就基本税收事项立法，而且必须遵守对一般授权立法的限制——在授权法中就授权的目的、范围及时间等作出明确的限定。因为税收涉及公民的财产和自由等基本人权，必须确保立法机关在税收立法领域的主导地位，以防止政府任意设置税种、变更税率、确定课税要件等而危及基本人权。

在我国，税收领域的授权立法在前述《税收征收管理法》和《立法法》的授权规定之前就已存在。20世纪80年代，全国人大及其常委会曾对国务院进行了两次有关税收立法的授权。第一次是1984年，全国人大常委会通过《关于授权国务院改革工商税制发布有关税收条例草案试行的决定》（人大发〔1984〕15号）〔以下简称"1984年授权决定"（已废止）〕，授权国务院在实施国营企业利改税和改革工商税制的过程中，拟定有关税收条例，以草案形式发布试行，再根据试行的经验，加以修订，提请全国人民代表大会常务委员会审议。第二次是1985年，全国人大通过《关于授权国务院在经济体制改革和对外开放方面可以制定暂行的规定或者条例的决定》（以下简称"1985年授权决定"），授权国务院对于有关经济体制改革和对外开放方面的问题，必要时可以根据宪法，在同有关法律和全国人民代表大会及其常务委员会的有关决定的基本原则不相抵触的前提下，制定暂行的规定或者条例，颁布实施，并报全国人民代表大会常务委员会备案。正是基于这些授权规定，国务院成为中国税收领域占主导地位的立法主体，以至于迄至2000年3月15日《立法法》通过时，只有《农业税条例》（2006年废止）、《个人所得税法》《外商投资企业和外国企业所得税法》（2008年废止）3件税种

第一章 税收立法与国家治理现代化

法是由全国人大或全国人大常委会制定的仍然有效的税收法律，其余税种法均是国务院制定的税收行政法规。❶ 此后至2021年8月31日，全国人大通过了《企业所得税法》，全国人大常委会先后通过了《车船税法》《环境保护税法》《船舶吨税法》《烟叶税法》《车辆购置税法》《耕地占用税法》《资源税法》《契税法》《城市维护建设税法》《印花税法》10件税种法。从而使得现行有效的18个税种中，由全国人大或者全国人大常委会制定的税收法律已达到12件。这表明全国人大及其常委会在税收立法中落实税收法定原则的成效越来越明显。

中国税收领域的授权立法实际上是在改革开放之初税收立法几近空白、税收法律体系极不健全，而经济社会发展又需要税法调整的背景下出现的。也就是说，在作为国家立法机关的全国人大及其常委会基本上没有怎么行使税收立法权的情况下，税收授权立法就已成为中国税收法律渊源的主要部分。这显然和税收法定主义的基本要求相背离。而且，1984年和1985年的两个授权决定还存在授权事项过于宽泛、授权目的与范围不明确、授权时间无限定等问题，加上对税收授权立法缺乏有效的监督，从而使得税收授权立法在实践中产生诸多弊端。其具体表现主要有：一是违背税收法定主义，侵蚀国家立法机关的税收立法权，不利于约束政府征税权力和维护纳税人权利；二是造成比较严重的法律冲突现象，损害国家税制的统一，不利于税法的遵从与执行；三是冲击立法民主原则，降低税法的权威性和正当性，加大税法社会化的难度；四是诱发行政权力的恶性膨胀，导致部门利益的制

---

❶ 不仅如此，国务院还在很多时候将税收立法权转授给财政部、国家税务总局及地方政府，从而违反了《立法法》关于授权立法不得转授权的规定。刘莘、王凌光："税收法定与立法保留"，载《国家行政学院学报》2008年第6期。

11

度化，延缓税收法治化进程。

全国人大常委会的"1984年授权决定"和"1985年授权决定"实际上是形成国务院主导税收立法权行使及其所生弊端的根源所在。虽然"1984年授权决定"已被2009年6月27日第十一届全国人大常委会第九次会议通过的《全国人民代表大会常务委员会关于废止部分法律的决定》废止，但适用范围更为广泛的"1985年授权决定"仍然有效。因此，要落实税收法定原则的要求，实现税收立法权的回归，当务之急就是废止该授权决定。"1985年授权决定"废止后，应当按照税收法定原则的要求，处理好法律保留与税收授权立法二者之间的关系。一方面，设税权应当是绝对法律保留事项，只能由全国人大及其常委会通过制定法律来行使，国务院不得行使，立法机关也不能授权国务院行使；其他税收事项，可以授权国务院制定暂行条例予以规定，但应遵循"一事一授权"原则而非概括笼统性的授权，并明确授权的目的、范围及期限等。另一方面，对于现行有效的税收暂行条例，全国人大或全国人大常委会应当尽快将其上升为法律。在此之前，这些税收暂行条例的效力应予维持，国务院若对其进行修改，应当坚持只能减税不能加税的原则。❶

（二）税收法定原则对立法权的制约性

传统的税收法定原则表面上是规范税收立法权的，但从权力制约的角度看，则主要是针对行政权的，即通过强调税收立法必须采取立法机关制定的法律的形式来约束征税主体的征税行为。因此，日本学者北野弘久称之为"形式上的税收法定原则"，即

---

❶ 刘剑文、耿颖："全国人大收回税收立法授权的进路与前瞻"，载《东方早报》2013年3月19日。

第一章 税收立法与国家治理现代化

以法律的形式规定税收而不问税收法律的内容,并进而指出:在现代宪制条件下,应当更加注重实质意义上的税收法定原则,即从禁止立法机关滥用权力、制约议会课税权的角度,来构筑税收法定主义的体系。❶ 由此可见,税收法定原则从形式向实质的发展,必然提出对税收立法权本身的制约要求。

税收法定原则的发展,之所以会提出对税收立法权的制约要求,其根本原因在于税收立法权作为一种国家权力,自身也存在异化和被滥用的可能。在税收法定原则之下,出于人权保障的需要和人民主权及法治理念的考量,将税收立法权"保留给"立法机关,乃是基于立法机关确实能够代表民意这样一种假定,但这仅仅是假定,并不意味着它在任何时候和任何情况下都能真正代表民意。实际上,在代议制民主下,立法权虽然由立法代表集体行使,但是集体也可能作出荒谬的决定,专断也可能在集体中产生。对此,洛克曾明确指出:"如果假定他们把自己交给了一个立法者的绝对的专断权力和意志,这不啻解除了自己的武装,而把立法者武装起来,任他宰割。"❷ 哈耶克则告诫人们:"只要我们还以为立法权只有被坏人操纵时才会产生恶果,那么可以肯定地说,它仍然是一种极度危险的权力。"❸ 权力始终存在异化和被滥用的可能,立法权也不例外,而且,与行政权和司法权的

---

❶ [日]北野弘久著,陈刚等译:《税法学原论》,中国检察出版社2001年版,第7—77页。

❷ [英]洛克著,启芳、瞿菊农译:《政府论(下篇)》,商务印书馆1964年版,第85页。

❸ [英]哈耶克著,邓正来等译:《法律、立法与自由》(第一卷),中国大百科全书出版社2000年版,第113页。

滥用相比，立法权之滥用的危害有过之而无不及。❶因此，对税收立法权也必须进行必要的限制。税收法定原则对立法权的制约主要表现在内容和形式两个方面。

税收法定原则在内容方面对税收立法权的制约主要表现为：要求立法机关在制定税收法律时应当遵循公平原则。但对于何谓"公平"的理解与把握，不同历史时期的学者又存在不同的认识。英国古典自由主义经济学家亚当·斯密认为，应当根据个人从政府获得的收益来分配税收，并进一步要求政府尽量不要干涉社会财富的分配。他指出："一国国民，都必须在可能范围内，按照各自能力的比例，即按照各自在国家保护下享得的收入的比例，缴纳国赋，维持政府。"❷亚当·斯密对税负公平的理解依据的是"受益原则"，可称之"受益标准说"。其后，以潘塔莱奥尼和马佐拉为代表的奥地利和意大利的财政学者，以维克塞尔和林达尔为代表的瑞典学者以及现代的萨缪尔森、布坎南等人在此基础上继续对如何衡量收益的方法作了进一步的探讨，以期能够发现控制国家征税权的更好方法。但是，由于实践中根本无法衡量和计算纳税人从政府提供的公共服务中获得的收益到底是多少，因此，受益标准说的适用范围具有很大的局限性。❸

正是基于对"受益标准说"的局限性的认识，在税负公平理论的基础上，又发展出"负担能力说"。该说的代表人物是穆

---

❶ 因为行政权和司法权是有特定指向的"列举性"权力，而立法权则是无特定指向的"一般性"权力，所以，行政权和司法权的滥用，就特定的个案而言，侵害的只是特定对象（行政相对人或当事人）的利益，而立法权的滥用，即便是就特定的法案而言，其侵害的则是一类人或一个群体的利益。

❷ ［英］亚当·斯密著，郭大力、王亚南译：《国民财富的性质和原因研究》（下卷），商务印书馆1974年版，第384页。

❸ 刘丽：《税权的宪法控制》，法律出版社2006年版，第115页。

第一章　税收立法与国家治理现代化

勒和庇古，他们引入相对牺牲的概念，认为凡具有相同纳税能力者应负担相同的税收，不同纳税能力者应负担不同的税收。这种观点被税法学者引进税法的观念中，并发展成为税法上体现税收公平原则的"量能课税原则"。❶ 例如，北野弘久认为，量能课税原则是一项立法原则，而不是解释和适用税法的指导原则；如果已成立的税收立法违反了该原则，将导致违宪和无效的后果。❷ 中国台湾地区学者葛克昌则认为，税法不能仅被视为政治决定的产物，更不能经由形式上的立法程序即取得其正当性，相反，它必须受正义等价值观念的拘束，而量能课税原则正是税法体现伦理要求的基本原则。另一学者陈清秀也认为，量能课税原则从宪法平等原则中导出，因此具有宪法上的效力依据。虽然立法者对该原则的内容仍然有相当大的裁量空间，但作为保护性原则，其轮廓并不像平等原则那样不确定。如果量能课税原则被破坏，则必须经由另一个合乎事理的原则来加以正当化，否则就会构成对税收正义的违反。❸

税收法定原则在形式上对税收立法权的制约主要表现在两个方面：其一是税收立法应当尽量做到明确，以免出现理解或解释上的歧义；其二是税收立法应当遵循正当程序，体现民主原则。美国新自然法学派的代表人物富勒在论述法律的内在道德时，将法律的明确性作为法治原则之一。他指出：十分明显的是，含糊和语无伦次的法律会使合法成为任何人都无法企及的目标，当然，对法律的明确性的要求也不能过分，因为一种徒有其表的清

---

❶❸ 刘剑文：《财税法专题研究》，北京大学出版社2007年版，第197页。

❷ [日] 北野弘久著，陈刚等译：《税法学原论》，中国检察出版社2001年版，第76-77页。

晰性可能比一种诚实的、开放性的模糊更有害。❶ 法律的明确性原则对税收立法尤为重要，因为税收法律如果不明确，不仅会形成征税主体确定课税要素的自由裁量权，这将使税收法定原则形同虚设，而且会损及税收法律的可预测性，从而影响纳税人根据税收法律的规定合理预期自己行为的结果。此外，税收法律的含混不清，还会使人民对征税主体的监督缺乏明确的法律依据。这也正是税收法定原则在具体内容上必然包含课税要素明确的原因所在。

　　税收立法不仅须依法定的立法程序进行，而且所依据的立法程序还应具有正当性。税收立法程序的正当性主要体现在其民主性和公开性上，即税收立法过程应体现公民的广泛参与性和过程本身的公开性。公民广泛参与税收立法过程和税收立法的公开透明，不仅可以弥补代议制民主下民选立法代表在反映民意方面不够充分之缺陷，而且可以减少利益集团活动对税收立法过程的消极方面的影响，还可以增强税收法律的正当性与可接受性而更有利于其实施。尤其是在政府主导税收立法的起草和议案提出的背景下，更应强调税收立法的公民参与和公开。公民参与税收立法的具体形式是多元的，其中，举行税收立法听证会是一种比较正式且制度化程度较高的形式。在税收立法听证的过程中，通过公布有关税收立法的信息，以民主的方式选定各方利益代表，在特定的时空场景下围绕税收立法中的争议问题展开辩论、交涉与沟通，最终形成对立法机关有一定约束力的立法听证报告，可有效地防止税收立法完全受部门利益和强势利益集团利益所左右，而

---

❶ ［美］富勒著，郑戈译：《法律的道德性》，商务印书馆2005年版，第76页。

第一章　税收立法与国家治理现代化

更多地体现社会的整体利益。此外，公布税收法律草案征集公众意见则是更为广泛和普遍的公众参与税收立法的形式。税收立法的公众参与，不仅要重视公众参与的广泛程度，还要重视公众参与的有效程度。不管是立法听证会，还是公开征集意见，如果参与其中的公众的意见在税收立法中得不到重视和吸纳，则不仅会影响公众参与的热情和积极性，甚至还会使得立法听证会和公开征求意见沦为"走过场"式的作秀。

税收法定原则对税收立法权的制约性，不仅为我国税收立法权回归国家立法机关后的行使指明了方向，还对回归后的国家税收立法权的行使提出了明确的要求。其中，税收法定原则在内容方面对税收立法权的制约性，要求全国人大及其常委会在制定税收法律时应当遵循公平原则，在征税规模的确定上，既要保证国家税收与国民收入同步增长，又要保证国家税收的增加不妨碍经济社会的发展；在纳税义务的设置上，既要坚持税法面前人人平等原则，对任何社会组织和公民个人一视同仁，排除对不同社会组织或公民个人实行差别待遇，又要根据纳税人负担能力的不同，合理确定税目、税率及征税对象、减免税范围，真正实现税收的横向公平与纵向公平，而不至于出现本该纳税或者应多纳税的纳税义务人却不纳税或者少纳税的明显不公平现象。❶ 税收法定原则在形式方面对税收立法权的制约性，首先要求全国人大及其常委会制定的税收法律规范应当做到结构完整、内容明确，避免产生歧义，排除征税主体确定课税要素的自由裁量权，增强税收法律规范的可操作性和可预测性。此外，它还要求全国人大及其常委会在行使税收立法权的时候遵循民主立法和公开立法的原

---

❶ 刘剑文：《财税法专题研究》，北京大学出版社2007年版，第197页。

则，通过公布法律草案征求意见、举行立法听证会、专家论证会、开展立法调研等途径吸纳民意，真正体现税收立法过程的公民广泛参与性。

四、税收法定原则对国家治理的意义

税收法定原则的缘起与西方代议制民主的肇始有着内在的关联。正如有学者指出的，"中古英国议会最主要的权力，议会赖以存在的基础，就是它获得了批准税收的权利，如不经过它的同意，国王不能征税"[1]。一般认为，被称为"议会之母"的英国，其议会制度发端于对国王征税权的控制，税收因素直接推动了议会主权的产生，并使税法史乃至整个法治史上最重要的原则之一——税收法定原则得以确立。在法国，国王、贵族和教士的税收特权引发了资产阶级革命，1789年8月26日制宪会议通过的《人权与公民权利宣言》从根本上铲除了旧制度时期的特权原则，取而代之的是人权和法治原则。在美国，"无代表不征税"则成为北美殖民地人民的"独立宣言"，1776年的"波士顿倾茶事件"拉开了北美独立战争的序幕。由此可见，代议制民主、人权保障、权力控制、法律统治（法治）等现代国家治理的一系列基本原则的确立，无不与税收因素和税收法定原则相关联。

习近平总书记在首都各界纪念现行宪法公布施行三十周年大会上的讲话中指出："依法治国是党领导人民治理国家的基本方略，法治是治国理政的基本方式，要更加注重发挥法治在国家治理和社会管理中的重要作用，全面推进依法治国，加快建设社会主义法治国家。""我们要依法保障全体公民享有广泛的权利，

---

[1] 马克垚：《英国封建社会研究》，北京大学出版社1992年版，第299页。

第一章　税收立法与国家治理现代化

保障公民的人身权、财产权、基本政治权利等各项权利不受侵犯，保证公民的经济、文化、社会等各方面权利得到落实，努力维护最广大人民根本利益，保障人民群众对美好生活的向往和追求。""依法治国，首先是依宪治国；依法执政，关键是依宪执政。"因此，在全面推进依法治国和推进国家治理体系和治理能力现代化的进程中，正确处理国家征税权和公民基本权利之间的关系，防止国家征税权侵犯公民基本权利，也就显得尤为突出和重要。而其前提性的基础则是在我国现行宪法中确立税收法定原则，并使该原则成为国家征税权配置和行使的根本遵循。

然而，在税收法定原则入宪业已成为世界上大多数国家立宪或修宪实践中的一种普遍做法和趋势的当下，反观我国现行宪法，却是既未对财政税收制度作出专门规定，也未对税收立法权作出专门规定，只是在《宪法》第56条规定："中华人民共和国公民有依照法律纳税的义务。"虽然从中能够间接地推导出公民纳税的义务要依照法律产生和履行，但很显然，该条规定的基本定位在于明确公民依法纳税的义务，而并非从保障公民基本权利出发限制征税权。由此可见，说该规定"隐含或揭示了税收法定原则的意旨"是难以成立的，更不用说"全面体现税收法定原则的精神"了。由于税收法定原则在宪法中的确立，不仅关涉国家征税权的合理配置，而且关乎国家征税权的合宪性控制和公民基本权利的保障。因此，要全面地体现税收法定原则的意旨和更好地实现其机能，税收法定原则的入宪——通过修改宪法的方式对税收法定原则进行全面准确的规定，也就显得非常有必要。

对于如何在宪法中明确税收法定原则，学术界有不同的设想或建议。有的学者主张通过修改《宪法》第56条的方式确立税收法定原则，即在该条现有规定"中华人民共和国公民有依照法律纳税的义务"的基础上增加两款，分别为："税收的开征、停征与减税、免税等事项必须要依法律的规定进行，没有法律依据，任何人不得被要求缴纳税收"；"税收制度必须公平、合理"。有的学者认为，应当通过修改宪法在其中专门设置财政章节，进行财政立宪，并在其中明确规定税收法定原则。有的学者提出，宪法中单方面地规定公民的纳税义务不符合宪法精神的要求，也不符合税收法律关系主体权利与义务相统一的治税理念，因此，应考虑将纳税人的权利也明确写入宪法中，至少应规定其享有的立法与监督两项基本权利。由于宪法的修改，不仅涉及面广，而且影响重大，对其进行大幅度的修改应慎之又慎，因此，笔者更倾向于通过修改《宪法》部分条款的方式确立税收法定原则；但是，正如前文所指出的，《宪法》第56条规定的基本定位是明确公民依法纳税的义务，而并非从保障公民基本权利出发限制征税权，所以，我们并不赞同在该条现有规定的基础上规定税收法定原则。鉴于税收在本质上是国家加诸人民的一种财产负担，而《宪法》第13条的主要规范内容是公民私有财产权的保护，故此，可以考虑以宪法修正案的形式，在该条现有规定的基础上增加三款，分别为："国家为了公共利益的需要，可以依照法律规定对公民征税"；"税收的开征、停征以及减税、免税、退税、补税，应当依照法律的规定进行"；"税收制度应当公平、合理"。

由上文的分析不难发现，税收法定原则不仅是税收立法权回归全国人大的理论基础与逻辑起点，而且其自身就蕴含着实现这一回归的现实路径和发展方向。按照税收法定原则的要求在宪法中全面准确地确立税收法定原则，固然是从根本上实现税收立法权回归全国人大的必经之路。然而，在单为这一目的修改宪法实属不易和税收授权立法仍有存在必要的前提之下，如何规范税收立法授权并有效规制税收授权立法，进而逐步收回税收立法授权，则是更具现实可能性的选择。此外，税收法定原则在内容和形式两方面对税收立法权的制约性，也应引发更多"回归后"思考。

第二节　税收立法质量与国家治理

一、国家治理现代化对税收立法的新要求

党的十九届四中全会为坚持和完善中国特色社会主义制度、推进国家治理体系和治理能力现代化指明了前进方向并作出重大部署。2020年全国税务工作会议要求，认真贯彻落实党的十九届四中全会精神，进一步丰富完善形成税收治理的"六大体系"，着力提升税收治理的"六大能力"，不断推进新时代税收现代化建设，更好服务国家治理体系和治理能力现代化。❶ "法律是治国之重器，良法是善治之前提。"高质量的税收立法不仅是成熟完备的税收法治体系的应有之义，而且在该体系中居于前提性和基础性的地位，对于推进新时代税收现代化建设、实现税收治理体系和治理能力现代化，具有重要意义。这就需要根据国家治理现代化建设的总体要求，梳理和检视现阶段我国税收立法

---

❶ 税收治理的"六大体系"即坚强有力的党的领导制度体系、成熟完备的税收法治体系、优质便捷的税费服务体系、严密规范的税费征管体系、合作共赢的国际税收体系、高效清廉的队伍组织体系；税收治理的"六大能力"即政治引领能力、谋划创新能力、科技驱动能力、制度执行能力、协同共治能力和风险防范能力。

存在的问题，探索税收立法高质量发展的路径，更好地发挥税收治理在国家治理中的作用。

税收既是国家取得财政收入的一种主要途径，也是调节经济和社会财富分配的重要手段，在具有财政收入职能的同时，还由此派生出调节经济和社会财富分配的职能。因此，税收治理历来就是国家治理的重要组成部分，税收治理体系和治理能力的现代化体现着国家治理体系和治理能力的现代化，甚至关乎政权的安危和国运的兴衰。❶ 作为规范税收行为、调整税收关系的税法的立、改、废、释等将对国家的财政收入产生直接或间接的影响，并进而影响国家社会公共职能的履行和社会财富的分配，既关乎国计又影响民生。在全面推进依法治国的当下，税收立法在税收制度体系的建立健全中发挥着主导性和基础性的作用。从制度体系建构和完善的视角看，国家治理体系和治理能力的现代化对税收立法提出了"系统完备、科学规范、运行有效"的总体要求，以下分述之。

(一) 系统完备

所谓税收立法的系统完备，是指由不同立法主体制定的不同层次和不同类型的税收规范性法律文件构成有机统一的整体，并且达到完备的程度。具体而言，税收立法的系统完备必须达到两个方面的要求，即系统性和完备性。

税收立法的系统性，要求构成税法体系的各种税收规范性法律文件应当是相互联系、彼此协调、内在统一的。这既是法制统一原则在税收立法领域的体现，也是税制统一原则对税收立法的必然要求。在我国现行税收立法体制下，有权制定税收规范性法

---

❶ 苗连营："纳税人和国家关系的宪法建构"，载《法学》2015年第10期。

第一章 税收立法与国家治理现代化

律文件的主体是多元的，由不同立法主体制定的税收规范性法律文件又分属不同层次和不同类型，而且位阶和效力也各不相同。❶ 对于同一税收事项，不同层次和不同类型的税收规范性法律文件都有可能予以规定；处于更高位阶和效力的税收规范性法律文件的规定，往往还需要与之配套的更低位阶和效力的税收规范性法律文件予以具体化，以便于其实施。因此，不仅是处于更低位阶和效力的税收下位法不得与处于更高位阶和效力的税收上位法相抵触，处于相同位阶和同等效力的税法也不能相互矛盾。如果不同的税收立法相互之间出现矛盾和抵触，不仅会破坏我国《立法法》确立的法制统一原则，而且会导致税法的适用和遵守出现混乱而影响税法的实施。❷ 税收立法的系统性就是要求各类税收规范性法律文件从精神到原则再到具体内容做到上下统一、左右协调、整体和谐，构成有机统一的税法体系整体，将税收规范性法律文件相互间矛盾、冲突和抵触的现象尽可能地减小到最低限度。很显然，这种现象一旦存在于一国的税法体系之中，对于该国税收治理体系和治理能力必将产生根本性的不利影响。

税收立法的完备性，就理想状态而言，它要求一国税收领域的各个方面均有法可依，换言之，即应当纳入税法调整的事项都已经有相应的税收规范性法律文件或者税收法律规范予以规定，不存在税收立法的缺漏和空白。正如习近平总书记所指出的，现在，我们国家和社会生活各个方面总体上实现了有法可依，这是

---

❶ 关于我国现阶段的税收立法主体，参见刘剑文：《税法学（第四版）》，北京大学出版社2010年版，第109-111页。

❷ 不同税法相互间出现矛盾和抵触，即就同一税收事项不同税收规范性法律文件的规定不一致，这种现象可形象地称为税收规范性法律文件在"打架"。出现这种情况就会使得适用主体和守法主体无所适从，从而导致税法的适用和遵守出现混乱。

我们取得的重大成就。同时，我们也要看到，实践是法律的基础，法律要随着实践发展而发展。转变经济发展方式，扩大社会主义民主，推进行政体制改革，保障和改善民生，加强和创新社会管理，保护生态环境，都会对立法提出新的要求。❶ 虽然，我国整体上已经实现了有法可依，但是，经济社会发展中需要立法调整的社会关系只会增加而不会减少，对需要立法解决的问题只会积累而不会消失。《中共中央关于坚持和完善中国特色社会主义制度、推进国家治理体系和治理能力现代化若干重大问题的决定》（以下简称《决定》）提出："优化政府间事权和财权划分，建立权责清晰、财力协调、区域均衡的中央和地方财政关系，形成稳定的各级政府事权、支出责任和财力相适应的制度。"《中共中央关于制定国民经济和社会发展第十四个五年规划和二〇三五年远景目标的建议》（以下简称《建议》）提出："明确中央和地方政府事权与支出责任，健全省以下财政体制，增强基层公共服务保障能力。完善现代税收制度，健全地方税、直接税体系，优化税制结构，适当提高直接税比重，深化税收征管制度改革。"在国家治理体系和治理能力现代化的进程中，无论是优化政府间事权和财权划分，建立权责清晰、财力协调、区域均衡的中央和地方财政关系，还是完善现代税收制度，健全地方税、直接税体系，优化税制结构、深化税收征管制度改革，都对税收立法提出了新的要求，均需要通过税收规范性法律文件的立、改、废、释来提高税收立法的完备程度。

---

❶ 《习近平关于全面依法治国论述摘编》，中央文献出版社 2015 年版，第 43 页。

(二) 科学规范

所谓税收立法的科学规范，是指税收立法在规范内容上应当充分认识和尊重事物发展的客观规律并准确回应现实社会生活关系的客观立法需求，在表现形式上应当符合立法的技术规范要求并达到表现形式和规范内容的统一。具体而言，税收立法的科学规范必须达到两方面的要求，即科学性和规范性。

税收立法的科学性，对税收立法提出了两个方面的要求。首先是税收立法要充分认识和尊重事物发展的客观规律。对于立法活动应当在充分认识和尊重事物发展的客观规律的基础上进行，马克思在《论离婚法草案》一文中就有过经典的论述，他指出："立法者应该把自己看做一个自然科学家。他不是在制造法律，不是在发明法律，而仅仅是在表述法律，他把精神关系的内在规律表现在有意识的现行法律之中。如果一个立法者用自己的臆想来代替事情的本质，那么我们就应该责备他极端任性。同样，当私人想违反事物的本质任意妄为时，立法者也有权利把这种情况看做是极端任性。"❶ 税收立法的本质是反映税收关系的本质，税收立法活动也应当以税收关系的本质为基础，而不是以立法者个人的主观意志为基础。其次是税收立法要准确回应现实社会生活关系的立法需求。强调税收立法活动应当在充分认识和尊重事物发展的客观规律的基础上进行，并不意味着税法本身就是客观规律。正如德国著名法学家拉伦茨所指出的，"一如语言、文学、艺术、国家或技术文明，法规范也是人类的创作，它是人类

---

❶ 《马克思恩格斯全集》（第一卷），人民出版社1956年版，第183页。

世界独有的构成部分。在此含义上，它不属于'自然'界。"❶就税法本身而言，它是人类的创造物，既有其客观性的一面，还有其主观性的一面。因此，在充分认识和尊重事物发展的客观规律的基础上，立法者还应当发挥其主观能动性，从事物发展的客观规律中发现现实社会生活关系的税收立法需求，并以恰当的方式准确地回应现实社会生活关系的税收立法需求。唯有如此，方能实现主观与客观的统一。现实社会生活关系的税收立法需求是客观存在的，而如果立法者未加认识，或者虽然认识到了，却未以恰当的方式予以回应，那么，相应的税法是不可能被制定出来的，即使被制定出来，也难以有效地发挥其调整作用。例如，前述《决定》和《建议》提出的优化政府间事权和财权划分、完善现代税制、优化税制结构、深化税收征管制度改革等均是为了回应经济社会发展的客观需求，税收立法的需求也是客观存在的。立法者不仅要善于发现此类客观需求，而且要在把握税收关系本质的基础上，以恰当的方式准确地回应此类客观需求。

税收立法的规范性，同样对税收立法提出了两个方面的要求。首先是税收规范性法律文件的表现形式应当符合立法技术规范的要求。税收规范性法律文件的表现形式包括结构形式和表述形式。税收规范性法律文件的结构形式是指税收规范性法律文件的整体结构由哪些部分组成并以何种形式呈现。税收规范性法律文件的整体结构虽然没有固定的模式，但一般而言应当包括名称、制定机关、正文及通过、公布、施行日期等部分。这些构成

---

❶ [德]卡尔·拉伦茨著，陈爱娥译：《法学方法论》，商务印书馆2003年版，第72页。

部分不仅不可或缺，而且其表现形式必须符合相应的规范要求。❶ 例如，税收规范性法律文件的名称，是任何一部税收规范性法律文件都必须具备的基本要素，并且要能够反映该税法的调整对象、适用范围及效力。税收规范性法律文件的表述形式，即税收规范性法律文件所使用的语言文字。税收规范性法律文件的各个部分都要以特定的语言文字作为其表述形式。作为法律用语的语言文字应遵循基本的风格和要求，如准确、简洁、通俗、严谨等，旨在准确无误地表达立法意图，并且易于被人们理解，不会产生歧义与矛盾。❷ 其次是税收规范性法律文件的表现形式应当与其规范内容相统一。按照"内容决定形式、形式服从内容"的原则要求，税收规范法律文件采用什么表现形式，归根结底，是由其规范内容所决定的。因此，不能脱离税收立法的规范内容来考虑税收规范性法律文件的表现形式问题，而应当根据税收立法的规范内容和特点来选择和采用税收规范性法律文件的表现形式，以实现表现形式和规范内容的和谐一致、相融相洽。税收立法的规范性缺失，不只是单纯的税收规范性法律文件表现形式失当的问题，它将直接影响和降低税收立法的质量，有时甚至还会损害税法的权威和尊严，并进而给税法的适用和遵守带来不利影响。很显然，如果税收立法的规范性都存在问题，可能连最基本的税收秩序都难以建立和维护，更遑论税收治理体系和治理能力现代化的实现了。

（三）运行有效

所谓税收立法的运行有效，是指税收规范性法律文件在制定

---

❶ 李培传：《论立法》，中国法制出版社 2004 年版，第 284-311 页。
❷ 汪全胜等：《立法后评估研究》，人民出版社 2012 年版，第 254-255 页。

出来后得到有效的实施并产生预期的效果。"立善法于天下,则天下治;立善法于一国,则一国治。"❶ 很显然,实现国家治理体系和治理能力现代化所需要的税收立法应当是运行有效的税收立法。如果税收规范性法律文件被制定出来后不能得到有效实施并产生预期效果,就会形同虚设,成为一纸空文,不仅浪费立法资源,甚至会破坏法律的权威。而税收规范性法律文件被制定出来后能否得到有效实施并产生预期效果,不仅取决于税法实施本身的状况,在很大程度上也取决于税收立法的状况。在很多情况下,法律实施不好或者得不到有效实施,很可能主要是由立法造成的,由于立法的瑕疵、立法的漏洞、立法的空白、立法的冲突等立法质量问题,导致了法律实施的不作为或者乱作为。❷ 从税收立法本身看,影响税收立法的有效实施的因素,除前述税收立法的系统性、完备性、科学性及规范性等影响因素外,税收立法的可操作性和可行性也是重要影响因素。

税收立法的可操作性,是指税收规范性法律文件被制定出来后,能够得到具体执行和遵守。它要求税收立法在规范内容上要完整、协调,在规范形式上要明确、具体。❸ 换言之,如果税收立法在规范内容上不完整或者不协调,前者如税收法律规范的要素不完整——有"行为模式"却无"法律后果"或者有"权利"却无与之相对应的"义务"等,后者如税收法律规范相互之间不协调,甚至存在冲突或抵触,都会影响其执行和遵守;如果税收立法在规范形式上不明确、不具体甚至含混、模糊有歧

---

❶ 王安石:《王文公文集·周公》。
❷ 李林:《中国的法治道路》,中国社会科学出版社 2016 年版,第 125 页。
❸ 前者可称为"规范内容的可操作性",后者可称为"规范形式的可操作性"。

第一章　税收立法与国家治理现代化

义，同样会影响其执行和遵守。由此可见，税收立法在规范内容方面的可操作性主要与税收立法的系统性和完备性相关联，税收立法在规范形式方面的可操作性则主要与税收立法的规范性相关联。虽然有法谚云"徒法不足以自行"，但如果税收立法本身在可操作性上就存在这样那样的问题，那就势必会影响法的施行，进而影响立法预期效果的实现。

税收立法的可行性，是指税收规范性法律文件设置的制度及其预期目标，能够在一定的条件下得以实现的可能性。它主要取决于两个约束性条件：一是实现立法目标的各种人力、物力资源的情况；二是制约立法目标实现的环境条件，如政治、经济、文化等环境情况。❶ 前述法谚"徒法不足以自行"正是法律之外的影响和制约法律施行及其效果的因素。这些因素虽然处于法律之外，但在立法过程中必须予以高度重视和充分考虑，否则，就会导致所设置的制度及其预期目标因为相应条件的不具备而难以实现，即不具备可行性。例如，一些地方关于禁止燃放烟花爆竹、限制养犬等方面的立法之所以难以实施，甚至遭到群众抵制，很大程度上是由立法缺乏民意支持等造成的，很难说可以完全归责于行政机关执法不力或者司法机关司法不公。❷ 由此可见，税收立法的可行性，归根结底就是要求税收立法必须契合实际情况，税收立法只有契合实际情况，才能做到"切实可行"，而这正是前述税收立法的科学性所强调的。

---

❶ 汪全胜等：《立法后评估研究》，人民出版社2012年版，第257-258页。
❷ 李林：《中国的法治道路》，中国社会科学出版社2016年版，第125页。

二、现阶段我国税收立法存在的主要问题

我国的税收立法历经 70 余年的发展，所取得的成绩和进步是有目共睹且不可否认的。毋庸讳言，相较于新时期国家治理体系和治理能力现代化对税收立法的需求而言，现阶段我国的税收立法还存在许多不适应、不相符的问题。

（一）税收立法在系统性和完备性方面存在的问题

第一，税收的宪法规范较单薄。纵观人类社会的发展史，税收问题不仅是许多国家宪法的重要内容，也是近代立宪主义的源头，催生了民主法治理念和制度的落地生根。❶ 相较于其他国家在宪法或宪法性文件中除对公民的纳税义务和纳税人的权利有相应规定外，大多数还有关于税收法定主义的规定，有的甚至还在宪法或宪法性文件中设专章规定财政税收问题，我国现行宪法关于税收的直接规定则较为单薄——仅在第二章"公民的基本权利和义务"中的第 56 条规定"中华人民共和国公民有依照法律纳税的义务"，纳税人权利、税收法定主义及税收基本制度则尚付阙如。这就使得纳税人权利、税收法定主义和税收基本制度缺乏宪法依据，进而影响纳税人权利的保护和税收立法权的配置与运行。

第二，税收法定主义落实不够。按照税收法定主义的要求，作为对人民课征税收依据的法律必须是由代议制机关即立法机关制定的狭义的法律，就我国而言，就是作为国家立法机关的全国

---

❶ 苗连营："纳税人和国家关系的宪法建构"，载《法学》2015 年第 10 期。

第一章　税收立法与国家治理现代化

人大及其常委会制定的法律。❶ 由于税收法定主义缺乏宪法依据，2000 年出台的《立法法》虽然将"税收基本制度"规定为只能制定法律的事项之一，但其关于授权立法的规定，又使得即便是税收基本制度，如果全国人大及其常委会尚未制定相应法律的，全国人大及其常委会仍然可以授权国务院先制定行政法规，待条件成熟时才上升为法律。2015 年首次修改后的《立法法》虽然将"税种的设立、税率的确定和税收征收管理等税收基本制度"单列为"只能制定法律"的事项，并且完善了关于授权立法的相关规定，但"税收基本制度"仍然只是相对保留的事项。这就在很大程度上影响和制约了税收法定主义在我国税收立法中的贯彻落实。其集中表现就是：截至 2021 年 8 月 31 日，我国现行征收的 18 个税种中，仍有 6 个税种的课税依据是行政法规。❷

第三，税收立法的协调性欠缺。税收宪法规范较为单薄和税收法定主义落实不够，加之税收授权立法的不规范运行，影响到我国税收立法的协调性。税收领域的各类税收规范性法律文件不仅未做到上下统一、左右协调、整体和谐，针对同一税收事项，不同税收规范性法律文件相互间甚至还存在矛盾、冲突和抵触的现象。此外，超越法律规定或者授权主体授予的立法权限进行越权立法的现象在税收立法领域也并不鲜见，大量非立法性税收规

---

❶ 邓辉、王新有："走向税收法治：我国税收立法的回顾与展望"，载《税务研究》2019 年第 7 期。

❷ 12 件已经出台的税种法税收法律是《个人所得税法》《企业所得税法》《车船税法》《环境保护税法》《船舶吨税法》《烟叶税法》《车辆购置税法》《耕地占用税法》《资源税法》《契税法》《城市维护建设税法》《印花税法》；现行有效的 6 件税种法税收行政法规是《进出口关税条例》《房产税暂行条例》《城镇土地使用税暂行条例》《增值税暂行条例》《消费税暂行条例》《土地增值税暂行条例》。

31

范性文件的存在就是典型例证。此类现象的存在，不仅影响税法的实施，造成税法适用和遵守的混乱，更为严重的是，它还危及税收法治的统一并损害税收法治的权威。

第四，税收基本法的立法空白。长期以来，我国的税收法律体系建设更加侧重于税收单行法的制定，而在税收法律体系中居于核心地位、起统领作用的税收基本法（税收通则法）迄今却迟迟没有出台。税收基本法，就是要把各个单行税法的共性问题和一些不宜由单行税法规定而在宪法中又没有具体明确的问题进行集中的概括性说明，是各项税收单行法的母法；税收基本法的缺失，使得我国税收法律体系的建构缺乏统一的指导，税收立法无法实现系统化而更多地表现为碎片化，系统性税收立法迟缓，以至于多数税收立法也就只能是"头痛医头，脚痛医脚"。❶这样一来，不仅影响我国完备的税收法律体系的构建，而且影响税法体系化功能和纳税人权利保护与国家征税权平衡的实现。

（二）税收立法在科学性和规范性方面存在的问题

第一，税收立法的适应性不强。从应然的意义上讲，税收立法应适应经济社会发展的需要及时进行立、改、废，以回应现实社会生活关系对税收立法的需求。我国税收立法的适应性不强主要表现为：一是对于由市场产生的新主体、新业态、新业务和新产品等带来的税收问题迟迟不能回应，进而明显引起传统市场主体和新兴市场主体之间纳税意识、税收负担等方面的制度性差异，从依法治税的首要环节即立法环节就产生了税负显失公平的

---

❶ 康建军、李彩青："八论税制改革——税收立法"，载《山西财政税务专科学校学报》2018年第2期。

现象，并为后续税法的执行埋下隐患；❶ 例如跨境交易当中外国实体（不构成中国的常设机构）通过在线提供给消费者的数字产品或服务（B2C 架构）及在线直播带货、微商销售等的纳税问题，目前在我国税收立法中都没有得到相应的解决。❷ 二是通过税收间接地实现收入再分配，是现代市场经济国家的普遍做法，其目的在于通过税收措施，发挥税收的分配职能，促进社会收入分配的公平合理和社会的和谐发展；❸ 但在我国现行税制中，只有个人所得税、消费税有相应的立法，遗产税和赠与税等在调节收入分配方面能够发挥积极作用的税种的相应税收立法迄今迟迟未能出台，房地产税也仍然处于地方试点的阶段，国家层面统一的房地产税法尚付阙如。三是已有税收立法中个别条款的修改严重滞后，影响税法的立法质量；例如关于个人所得税费用法定扣除尤其是工资薪金免征额的确定，多年来就是人们关注的热点，但对其的修改直到 2018 年 8 月 31 日全国人大常委会第七次修改《个人所得税法》才得以实现。四是在制定新税法和废止旧税法的过程中，旧税法规定的涉税事务仍然存在，需要在新税法作出规定并考虑与旧税法原有规定的衔接与协调；但在我国税收立法的"立新废旧"中，新税法和旧税法的此类衔接与协调明显不够，例如"营改增"后出现的大量问题，如废除营业税改征增值税的业务涉税处理至今仍未完全明确，以致用大量的

---

❶ 康建军、李彩青："八论税制改革——税收立法"，载《山西财政税务专科学校学报》2018 年第 2 期。

❷ 在跨境交易当中外国实体（不构成中国的常设机构）通过在线提供给消费者的数字产品或服务（B2C 架构）是不需要在中国缴纳所得税的。

❸ 刘剑文：《追寻财税法的真谛：刘剑文教授访谈录》，法律出版社 2009 年版，第 49 页。

增值税规章修补连绵不断的相应问题，使增值税成为税种体系中的变形金刚，"头"（法规）小而"身体"（规章）臃肿。❶

第二，税收立法的灵活性不足。1994年分税制改革以来，我国在税收立法权的纵向配置上仍然是立法权过分集中于中央，地方拥有的税收立法权十分有限。❷ 在该种税收立法体制的模式下，税收立法权虽然由中央集中掌控，但由我国地域辽阔且不同地区经济社会发展程度差异明显的现实国情所决定，中央制定的税收规范性法律文件在制度设置上应当尽可能地保持较大的灵活性，以满足不同地区结合本地实际情况在税收立法和执法上进行灵活处置的需要。但就我国现阶段的税收立法而言，其灵活性明显不足，主要表现为：一是现行税收规范性法律文件大多由中央层面的国家机关或职能部门制定，"抓大不放小"；例如对明显具有地域特色的车船税、耕地占用税、城镇土地使用税等小税种的立法，中央的集中程度偏高，地方的灵活度偏低，缺乏小税种税制要素的弹性空间。二是中央制定的税收规范性法律文件中已有的弹性规定，特别是幅度税率的设定，地方的自主决定权仍有较大的提升空间；地方选择适用税率的报、批、备程序也较为烦琐，不利于地方依据涉税环境的变化及时对相关税制要素作出调整。三是高度集中的税收立法没有形成动态调整机制，在强调税收相对稳定的同时，未充分考虑经济社会发展变化的需求，并在税收立法上适时作出相应调整以回应这种变化带来的立法需求。由于税收立法权过分集中于中央，地方拥有的税收立法权非常有

---

❶ 康建军、李彩青："八论税制改革——税收立法"，载《山西财政税务专科学校学报》2018年第2期。

❷ 周俊鹏：《论税收立法权的纵向配置》，中国人民大学2008年博士学位论文，第68页。

限,以及税收立法的灵活性不足等,在增加地方财政收入和调整资源的客观需要和动力机制下,出现了地方隐性税收立法严重的现象,进而导致扰乱税收秩序、破坏税制统一、削弱中央宏观调控能力等一系列弊端。❶

第三,税收立法的规范性不够。如前文所述,税收立法的规范性主要对税收立法提出了两个方面的要求:一是税收规范性法律文件的表现形式应当符合立法技术规范的要求;二是税收规范性法律文件的表现形式应当与其规范内容相统一。我国税收立法存在的规范性问题主要是前一方面的,主要表现为:一是一些税收规范性法律文件的名称不够规范,例如《中华人民共和国农业税条例》是全国人大常委会制定的法律,本应冠之以"××法"的名称,却冠之以"××条例"的名称,这就容易让人们误以为该《条例》是国务院制定的行政法规;再如《中华人民共和国税收征收管理法》,该法名称中的"税收"二字本身是收税的意思,却在法名中同时又使用"征收"二字,以至于"税收征收"四个字连在一起,在语法上是同义反复,既不精练,也不准确。❷ 二是个别税收规范性法律文件的施行日期不够规范,例如《中华人民共和国中外合资经营企业所得税法》和《中华人民共和国个人所得税法》均于1980年9月10日通过并公布施行,而各自配套的《中华人民共和国中外合资经营企业所得税法施行细则》和《中华人民共和国个人所得税法施行细则》均于1980年12月10日经国务院批准,由财政部于12月14日公布,但后二者的施行日期却分别规定为:"本细则以《中华人民共和国中

---

❶ 周俊鹏:《论税收立法权的纵向配置》,中国人民大学2008年博士学位论文,第68页。
❷ 李培传:《论立法》,中国法制出版社2004年版,第288页。

外合资经营企业所得税法》的公布施行日期为施行日期"和"本细则以《中华人民共和国个人所得税法》的公布施行日期为施行日期"。有学者便认为，这样的规定值得商榷，首先，这样规定会产生法律效力上的溯及既往的问题，而人们一般是不承认义务性规范的溯及既往效力的，因此，在理论上存在法律障碍；其次，在法律的配套施行细则难以与法律同步制定而法律施行又确需借助施行细则具体规定才得以实现的情况下，则法律的施行日期应当向后作出合理推迟的规定，从而为配套法规的制定和施行创造条件。[1]

（三）税收立法在可操作性和可行性方面存在的问题

第一，税收立法的便利度不够。如前文所述，税收立法在规范内容方面的可操作性主要与税收立法的系统性和完备性相关联，税收立法在规范形式方面的可操作性则主要与税收立法的规范性相关联。因此，上文所指出的我国税收立法在系统性、完备性和规范性等方面存在的问题，本身也就是税收立法在可操作性方面存在的问题，就此不复赘述。这里主要讨论影响我国税收立法可操作性的便利度不够的问题。早在我国西汉史学家司马迁所著《史记》中就有"禹乃行相地所有以贡及山川之便利"的记载，唐代杨炎推行的"两税法"和明代张居正推行的"一条鞭法"，除突出均平税负、增加财政收入等目标外，还特别强调税收的便利程度。有"西方经济学之父"之称的古典经济学家亚当·斯密在《国富论》中将"平等、确实、简便、节省"归纳为税收的四项基本原则。由此可见，古今中外都将税收便利性原则作为税收的基本原则之一。税收便利与否也应当是我国税收

---

[1] 李培传：《论立法》，中国法制出版社2004年版，第304页。

第一章　税收立法与国家治理现代化

立法考虑的主要内容之一。我国税收立法便利程度不够的主要表现为：一是税收立法尤其是主体税种的立法过于繁杂，如企业所得税、增值税等主体税种，在整个税收体系中占重要的地位，在组织财政收入、调控经济、公平税负和监督检查方面起着不可替代的重要作用，但是如果这些主体税种在立法时内容设计复杂，操作烦琐，对征纳双方依法征税和依法纳税都必将产生负面影响；二是税收立法的稳定性不足，税法的显性和隐性变动均比较频繁，由于税法经常变动而带来的涉税事务处理上的不断变化，使得征纳双方穷于应付，从而带来税法遵从成本的增加和涉税事务处理的成本畸高、效率偏低；三是涉税事务处理的信息化程度不高，无论是税收立法的传输渠道和手段，还是便利征纳双方涉税事务的处理等，都与现代信息技术的要求尚有一定的距离。❶

第二，税收立法的契合度不高。如前文所述，税收立法的可行性，归根结底取决于税收立法是否契合实际情况，税收立法只有契合实际情况，才能做到"切实可行"。现阶段我国税收立法的契合度不高，主要表现在以下两个方面：首先是在税收立法的过程中，对实现立法目标所需的各种人力物力资源的情况的预估不够，以至于税收立法施行后出现相关机构缺失和人员、经费不足等情况，从而使得税收立法的可行性大打折扣；其次是在税收立法的过程中，对于税收立法出台后制约立法目标实现的环境条件，如政治、经济、文化等环境条件缺乏充分考虑，以至于税收立法施行后，由于相关税收制度及其预期目标实现的相应条件不

---

❶ 康建军、李彩青："八论税制改革——税收立法"，载《山西财政税务专科学校学报》2018 年第 2 期。

具备，或者是政治、经济、文化等环境条件发生了很大的变化，从而影响税收立法的可行性。这实际上也是我国税收立法之所以变动比较频繁的一个重要原因。

第三，税收配套立法不够及时。我国已出台的 12 部税种法税收法律中的《个人所得税法》《企业所得税法》《车船税法》《环境保护税法》4 部法律，国务院已出台《施行细则》或者《实施条例》作为相应税种法税收法律的配套法规。❶ 之所以要为税种法税收法律制定配套法规，主要是考虑到在税收法律的规定比较原则或不够细化的情况下，需要税收配套法规来进行补充和细化，以增强税收法律的可操作性。因此，即便是在不能同步制定的情况下，税收配套法规至少也应当在税收法律施行前出台。但从上述 4 部税种法税收法律的配套法规的出台情况看，并非尽皆如此，其中《个人所得税法施行细则》和《个人所得税法实施条例》的出台或修改时间均晚于《个人所得税法》或者《个人所得税法》的修改决定的施行时间。❷ 正是因为税收配套法规出台不够及时，所以才出现前述将后出台的税收配套法规的施行时间溯及至相应税收法律的施行时间的怪象。

---

❶ 值得注意的是，《个人所得税法》《企业所得税法》《车船税法》3 部税种法税收法律中均有"国务院根据本法制定实施条例"的授权国务院制定配套法规的规定，《环境保护税法》中却没有该授权规定。

❷《个人所得税法》于 1980 年 9 月 10 日通过并公布施行，《个人所得税法施行细则》于 1980 年 12 月 10 日经国务院批准、由财政部于 12 月 14 日公布；1993 年 10 月 31 日，第八届全国人民代表大会常务委员会第四次会议通过并公布施行《关于修改〈中华人民共和国个人所得税法〉的决定》后，国务院于 1994 年 1 月 28 日才发布《个人所得税法实施条例》。

三、我国税收立法高质量发展的基本路径

党的十八届四中全会通过的《中共中央关于全面推进依法治国若干重大问题的决定》指出："法律是治国之重器，良法是善治之前提。建设中国特色社会主义法治体系，必须坚持立法先行，发挥立法的引领和推动作用，抓住提高立法质量这个关键。要恪守以民为本、立法为民理念，贯彻社会主义核心价值观，使每一项立法都符合宪法精神、反映人民意志、得到人民拥护。要把公正、公平、公开原则贯穿立法全过程，完善立法体制机制，坚持立改废释并举，增强法律法规的及时性、系统性、针对性、有效性。"这不仅突出地强调了完备的法律规范体系的形成之于依法治国、建设中国特色社会主义法治体系的极端重要性，而且明确了"善治"所需之"良法"的评判标准，对中国特色社会主义法律体系形成后我国的立法工作提出了更高的要求。完备的法律规范体系建设，就是要按照"良法"的标准及其对立法工作的要求，进一步发展和完善业已形成的中国特色社会主义法律体系。这无疑为我国税收立法的高质量发展指明了方向，明确了路径。

（一）落实税收法定原则，完善税收立法体制

税收法定原则是税收立法和税收法律制度的一项基本原则。2013年11月12日，党的十八届三中全会通过的《关于全面深化改革若干重大问题的决定》第一次在党中央的重要文件中明确提出了"落实税收法定原则"的要求。2014年10月23日，党的十八届四中全会通过的《中共中央关于全面推进依法治国若干重大问题的决定》提出"健全有立法权的人大主导立法工

作的体制机制，发挥人大及其常委会在立法工作中的主导作用"。2015年3月，首次修改后的《立法法》将第8条原第8项中的"税收基本制度"单列为第6项，明确规定"税种的设立、税率的确定和税收征收管理等税收基本制度"为只能由全国人大及其常委会制定法律的情形之一，也就是法律保留原则的适用情形之一，同时进一步完善了关于授权立法的相关规定，从而使得税收法定原则在《立法法》中的表述更加明晰。同月，全国人大常委会报送中共中央的《贯彻落实税收法定原则的实施意见》获得中共中央审议和通过。《贯彻落实税收法定原则的实施意见》不仅明确规定"开征新税的，应当通过全国人大及其常委会制定相应的税收法律"，而且对当时有效的15件税种法税收行政法规上升为法律或者废止的时间作出了明确而具体的安排。在中共中央全会通过的决定中明确提出"落实税收法定原则"及由中共中央审议通过贯彻落实税收法定原则的专门性文件，这在中共党史和新中国立法史上均属首次，由此可见，中共中央和国家立法机关对落实税收法定原则的重视程度。也正是在此背景下，我国开启了税收法律的密集立法态势。❶

以落实税收法定原则为切入点，进一步完善我国税收立法体制，既是回应国家治理现代化对税收立法的新要求的重要举措，也是解决现阶段我国税收立法存在的诸多问题，实现税收立法高质量发展的必由之路。

首先，要在我国现行《宪法》中明确规定税收法定原则。对于税收法定原则如何入宪，本章第一节已经予以阐述，于此不

---

❶ 邓辉、王新有：《走向税收法治：我国税收立法的回顾与展望》，载《税务研究》2019年第7期。

复赘述。❶ 这里需要予以强调的是，我国目前仍然处于形式税收法定主义阶段，在未来继续推进税收基本制度法律化的进程中，应当注重同步推进实质税收法定主义。❷

其次，要进一步规范税收领域的授权立法。如前文所述，"1984年授权决定"和"1985年授权决定"两个授权决定是我国税收领域存在广泛授权立法的主要依据，也是形成国务院主导税收立法权行使及其所生弊端的根源所在。虽然"1984年授权决定"已被2009年6月27日第十一届全国人大常委会第九次会议通过的《全国人民代表大会常务委员会关于废止部分法律的决定》废止，但适用范围更为广泛的"1985年授权决定"仍然有效。因此，要落实税收法定原则的要求，当务之急就是要废止该授权决定。"1985年授权决定"废止后，应当按照税收法定原则的要求处理好法律保留与税收授权立法二者之间的关系。一方面，设税权应作为绝对法律保留事项，只能由全国人大及其常委会通过制定法律来行使，国务院不得行使，立法机关也不能授权国务院行使，其他税收事项可以授权国务院制定暂行条例予以规定，但应遵循"一事一授权"原则，而非概括笼统性的授权，并明确授权的目的、范围及期限等；即便是需要先行试点的税种，也不宜再由国务院制定税收暂行条例来设定。另一方面，全国人大或全国人大常委会应当尽快将现行有效的税收暂行条例上升为法律，以落实税收法定原则的要求。

最后，要实行地方和中央在税收立法领域的适度分权。如前

---

❶ 关于税收法定原则如何入宪，参见本章第一节"税收法定原则与国家治理"。

❷ 刘剑文主编：《改革开放40年与中国财税法发展》，法律出版社2018年版，第213页。

文所述，税收立法权过分集中于中央导致我国现阶段税收立法的灵活性明显不足，也不利于发挥地方的主动性和积极性。因此，在税收立法领域也应当实行地方和中央的适度分权。具体而言，就是要在明确中央专属税收立法事项的前提下，赋予地方一定范围内的税收立法权，特别是对于那些具有地方特色的税源开征新的税种，可通过国家立法机关授权的方式授予地方立法机关以相应的设税权，但要报经国家立法机关批准并接受其监督；❶ 中央专属税收立法事项，虽然只能由中央国家机关通过制定税收规范性法律文件来予以规定，但也应当根据不同情况，在税制要素上给地方留有一定的弹性空间，并简化相应的报、批、备程序。

（二）贯彻民主立法原则，完善税收立法程序

我国《立法法》第 5 条明确规定了民主立法的基本原则，即"立法应当体现人民的意志，发扬社会主义民主，坚持立法公开，保障人民通过多种途径参与立法活动"。税收立法事关国计民生，不仅影响广泛，而且涉及各种复杂利益关系的调整，以贯彻民主立法原则为抓手，进一步完善税收立法程序，也就显得非常必要和重要。在税收立法中贯彻民主立法原则，最终目的是保证税收立法体现人民的意志，基本途径是在税收立法中发扬社会主义民主，坚持立法公开，以及保障人民通过多种途径参与立法活动。

首先，税收立法应当体现人民的意志，实现立法内容的民主化。税收立法不仅应在立法主体和立法程序上实现民主化，而且应当在立法内容上做到民主化。在程序正义论看来，立法程序的

---

❶ 周俊鹏：《论税收立法权的纵向配置》，中国人民大学博士学位论文，2008年，第 111 页。

民主化与立法内容的民主化相比，前者显得更为重要。因为合理而公正的程序是区别健全的民主制度与偏执的群众专政的分水岭。由此，曾任美国联邦最高法院大法官的威廉·道格拉斯说过："正是程序决定了法治与恣意的人治之间的基本区别。"❶ 同样曾任美国联邦最高法院大法官的 F. 福兰克弗特指出，"自由的历史基本上是奉行程序保障的历史"。❷ 我国旅日学者季卫东先生则更加明确地提出，"民主的真正价值不是取决于多数人的偏好，而是取决于多数人的理性。在众口难调的情况下，程序可以实现和保障理性"。❸ 程序正义论在认知和解决许多法律问题上无疑具有相当的合理性，但是，如果片面地或者过分地强调程序正义而忽视了实体正义，是否也会面临千百年来人类在形式（程序）正义与实质正义之争问题上的困境？

笔者认为，无论怎样弘扬程序正义的重要性，也须臾不可忘却实质正义的法治价值。民主不仅是纯粹的程序问题，也是权利和权力问题，是由程序规范和保障的权利和权力。税收立法内容的民主化，正是关注税收立法过程中以民主化为尺度的实质正义。具体而言，税收立法内容的民主化主要有以下几个向度。

第一，税收立法目的的民主化倾向。立法目的是立法的价值取向和立法者追求的目标，即通过法律的规范、调整所要达到的目的。在立法过程中，立法目的的功能和意义在于：为立法者指引方向，为解决立法观点的分歧和形成一致的意见提供依据，为

---

❶ 转引自季卫东：《法治秩序的建构》，中国政法大学出版社 1999 年版，第 3 页。

❷ 转引自季卫东：《法治秩序的建构》，中国政法大学出版社 1999 年版，第 8 页。

❸ 季卫东：《法治秩序的建构》，中国政法大学出版社 1999 年版，第 51 页。

评判立法质量提供标准，以及为解读法律文字提供指南。❶ 税收立法目的的民主化，一方面，要求一个国家的税收立法应当以民主化为取向，在宪法精神、政体结构、国家权力关系、立法体制、立法价值取向等方面均有所体现；另一方面，税收立法目的的民主化通常体现为税收立法的宗旨或者称为"目的条款"的内容之中。也有的不直接以税收立法的"目的条款"来表现，而是体现在税收立法精神之中，即将民主原则贯穿于整个税收法律之中。例如，虽然我国1954年宪法并没有在"目的条款"中明确规定民主的立法目的，但正如毛泽东在评价我国1954年宪法时指出的"人民民主的原则贯串在我们整个宪法中"。❷ 税收立法目的的民主化具有指引、评价、约束立法的功能，因此，实现税收立法内容的民主化，首先应当保证立法目的的民主化。

第二，公民权利和自由的立法保障。民主从来就不是抽象的，而是具体的。民主的具体化，在权利领域就是它通过法定权利和自由同公民个人紧密连接在一起，使抽象的民主精神、民主原则、民主制度、民主程序在权利这个连接点上得到具体化。因此，税收立法内容的民主化，对于每个具体的公民而言，就表现为权利和自由的确认和保护，特别是当公民作为纳税人时所应当享有的自由和权利，例如，财产权、生存权、监督权、受教育权、获得救济的权利等。一般而言，如果税收立法以保证纳税人的权利和自由为取向，把权利保障放在优先位置来考虑和对待，那么这种税收立法就可以称为民主化的立法，反之则称为非民主的立法。具体来看，主要评价标准有三

---

❶ 黎建飞：《立法学》，重庆出版社1992年版，第47—52页。
❷ 《毛泽东著作选读》（下册），人民出版社1986年版，第709页。

第一章　税收立法与国家治理现代化

点：在范围上，税收立法所确认和保障的公民权利和自由越多，其民主化的程度就越高；在保护方式上，税收立法规定的公民权利和自由的保护方式越合理有效，其民主化的程度就越高；在实现程度上，税收立法所确认的公民权利和自由实现得越充分，立法保护的力度越强，其民主化程度就越高。在一定意义上可以说，税收立法的首要目的并不是保障国家征税权的实现，而是保障纳税人的自由和权利的实现。

第三，公权力的立法约束。公权力，即代表国家及其政权机关而行使的权力。按照自由主义民主理论的解释，公权力是私权利派生的，其存在的正当性根据在于为私权利提供保障。但是，由于公权力天生具有由人性恶所支配的侵略性、扩张性和腐败性，因此，私权利受侵害的最大威胁并非来自个体，而是来自拥有公权力的国家及其政权机关。对此，18世纪法国启蒙思想家——孟德斯鸠早有深刻的认识，他指出："一切有权力的人都容易滥用权力，这是万古不易的一条经验。有权力的人们使用权力一直到遇到有界限的地方才休止……从事物的性质来说，要防止滥用权力，就必须以权力约束权力。"[1] 因此，国家应当采用以权力制约权力和以权利约束权力等多种方式来规制公权力，使之尽可能"扬善抑恶"，造福人民。以立法来规范、限制公权力，就体现了这种原则和精神。税收立法的重要任务之一，就是加强对公权力的制约和监督，具体而言，就是要加强对国家征税权的制约和监督，离开了这种制约和监督，人民民主、社会主义法治、纳税人的权利和自由、税收立法的民主化，等等，都将化

---

[1] ［法］孟德斯鸠著，张雁深译：《论法的精神》（上册），商务印书馆1959年版，第184页。

为乌有。

其次，税收立法应发扬社会主义民主，实现立法过程的民主化。立法过程的民主化具体又包括立法决策的民主化、立法起草的民主化和立法程序的民主化。

第一，税收立法决策的民主化。决策就是作出决定，"是人们在社会实践的基础上，根据对客观规律及其发挥作用的条件的一定认识，在主观意志的参与下而进行的选择目标和行动方案的认识活动"。[1] 立法决策则是立法机关在立法过程中对法律的制定、认可、解释、修改、补充、废止等作出决定的认识活动。正确的立法决策应当是立法者的主观意志与社会发展的客观规律相一致的产物，它既应当是社会发展规律的客观反映，也应当包含立法者对这一规律的认识、揭示、判断和选择，是主观与客观的统一。税收立法决策和其他决策一样，归根结底是由经济基础和社会存在决定的。税收立法决策是主观与客观的统一，而要做到税收立法决策的主客观统一，保证决策的科学性与合理性，就应当坚持民主原则，实现税收立法决策的民主化。以多数人的意见为基础来作出民主的立法决策，最大限度地减少决策的失误和错误，尽可能地保证决策的客观性、公正性和正确性，是已被无数实践证明了的最佳决策机制。多数人的民主决策虽仍然难以避免犯错，这是因为人的认识是有局限性的，对于未来的预测也不可能是完全准确的。如果在充分发扬民主、集思广益的情况下，税收立法决策还是出现了失误，这在一定意义上也是可以接受的。税收立法决策的民主化要符合民主政治系统运作不同阶段的要求：利益表达，

---

[1] 张尚仁：《认识论与决策科学》，云南人民出版社1985年版，第9页。

第一章　税收立法与国家治理现代化

即社会的集团或个人提出创制、改变或者继续某一项税收法律的要求；利益综合，即表达出来的各种利益被综合起来，集中表现为少数几个主要的选择方案；税收法律的制定，即立法机关依照法定程序把汇总起来的利益转化为国家的法律；法律的实施。❶ 税收立法决策是一个过程，民主化应当贯穿于这个过程的始终。但从立法程序的阶段性特点来看，税收立法决策的民主化主要针对的是法案进行审议前的阶段。在这个阶段，税收立法工作涉及一系列的决策，诸如立法与改革、稳定和发展如何结合起来，立法的时机是否成熟，立法的条件是否具备，立法的调研论证是否充分，此法案与彼法案甚至与整个法律体系如何协调，新法与旧法的关系如何处理，立法中如何平衡不同利益、兼顾不同价值，立法与法律实施如何配套，等等。解决这些问题和矛盾，应当体现民主的精神，主要运用民主的方法，广泛征求意见，多方协商切磋，寻找折中调和的不同方案，最后按照少数服从多数的原则作出决策。❷ 在民主原则下作出的税收立法决策并不能保证都是最佳的决策，但绝对不可能是最差的决策。

　　第二，税收立法起草的民主化。立法起草也称起草法案，是指有立法提案权的机关、组织和人员或者其委托的主体，将应当以书面形式提（动）议的法案形诸文字的活动。❸ 立法起草一般不是立法程序的正式组成部分，但在立法活动中却是至关重要

---

　❶ [美] 阿尔蒙德等著，曹沛霖等译：《比较政治学：体系、过程和政策》，上海译文出版社 1987 年版，第 199-328 页。
　❷ 我们认为"少数服从多数"的多数决原则隐含着民主的悖论，即对多数人权力的肯定和对少数人权力的排斥，以多数利益为决策的主要标准。因此，民主的另一逻辑应当是少数的利益群体对立法决策过程有参与和影响的机会与渠道，对少数人的需求应当有最低限度的正义，甚至需要特别的法律加以保护。
　❸ 周旺生：《立法学教程》，北京大学出版社 2006 年版，第 475 页。

的环节，甚至常常决定着法案成败得失的命运。我国台湾地区学者罗成典认为，起草法案犹如设计工程，起草者就是工程设计师。❶ 立法的工程设计要贯彻立法意图，体现民意，但具体如何贯彻立法意图和体现民意，则主要在于起草者的理解和表述。由于现代社会关系的复杂化，社会分工的高度专业化，法律调整对象的多样化，现代立法极具技术性。因此，现代社会的立法，其法案的起草一般只能由专业化的人士来承担。他们将法案的调查资料、分析报告、参考材料、论证材料、解释说明等连同法案文本一起提交给立法机关，立法机关再根据这些材料作出立法判断和决策，这样一来，就很难完全摆脱或者脱离法案起草者的结论和影响。因此，英国学者阿蒂亚认为，在英国，"事实上议案并非真正是议会'制定'的，它们实际上是由若干个通常在一起紧密合作的小组从原则到具体内容经过反复斟酌后制订出来的，这些小组包括：政治家，政府部门的政策制定者，部门的律师，以及起草人"。❷ 由以上的分析可见，由专业化的人员起草和制定法律，是现代立法的趋势和特点之一。但是，立法的专业化很容易形成一个立法上的悖论：一方面，立法的民主化要求更多的民众参与立法的过程之中；另一方面，立法起草却主要是由少数专业人士所垄断的专业化行为。于是，多数人统治的民主变成少数人的垄断。"一个政权是开放性的，任何人都有可能参与权威性的决策。一个政权是专业化的，实际上则只有某些人能如此

---

❶ 罗成典：《立法技术论》，台北文笙书局1987年版，第13页。
❷ ［英］P. S. 阿蒂亚著，范悦等译：《法律与现代社会》，辽宁教育出版社1998年版，第196页。

第一章　税收立法与国家治理现代化

(参与决策)"，此种状况显现出代议制民主理论的困境。❶ 借用季卫东先生的话来表达这个意思，就是"随着社会分化和复杂性的增大，专业性的法案起草机构和委任立法方式的作用也越来越大。这里存在立法程序的民主主义原理和职业主义原理之间的张力"。❷ 因此，在税收立法过程中，特别是法案起草过程中，如何把专业化与民主化有机结合起来，是各个国家遇到的一个具有普遍性的难题。由于立法的专业化是现代国家立法发展的必然趋势，因此解决或者缓解税收立法过程中立法专业化与民主化的矛盾，关键是要在税收立法起草中不断增强民主化的程度。一般而言，立法起草包括理解、分析、设计、合成、审查五个阶段，每个阶段都有不同的技术要求。税收立法起草的民主化要贯穿于税收法案起草的始终。其中，最重要的是专家学者、税收法案涉及的利害关系人和公众等的参与。在绝大多数税收法案中，专家学者是中立的，一般和税收法案没有直接的利害关系，加之他们可以从各个学科专业的角度对法案进行设计、改造、分析、评判，因此有利于使法案全面客观地反映民意，协调各方面的利益关系。专家学者参与税收立法起草的途径主要有：一是接受立法机关的委托，牵头起草税收法案；二是与立法机关负责法案起草的人员共同起草税收法案；三是对立法机关起草的税收法案进行咨询、论证并提出批评、修改等建议和意见。按照立法民主的要求，起草税收法案应当全面听取法案所涉及的各方利害关系人的意见，让不同的甚至对立的利益主体有机会向起草者陈述他们的

---

❶ [美] 波斯比著，朱云汉译：《政府制度与程序》，台湾幼狮文化事业公司1983年版，第416页。
❷ 季卫东：《法治秩序的建构》，中国政法大学出版社1999年版，第33页。

利益诉求和理由，防止偏听偏信，保障起草者兼听则明。为了保证利害关系人的利益诉求得到反映、利益得到合理安排，许多国家在税收立法起草和税收法案审议阶段，都要召开主要由利害关系人参加的调查会、听证会、座谈会等。同时，他们还可以以其他各种形式主动向法案起草者反映其意见和要求。公众参与税收法案的起草过程，通常是通过大众传媒，如广播、电视、报刊、信件、电话、电子邮件等渠道，向起草者反映其个人或所属团（群）体等对税收法案的意见。在中国，近年来多采取将税收法案在报纸、网站上公布，以广泛征求和听取群众意见的做法。党的十八届四中全会通过的《中共中央关于全面推进依法治国若干重大问题的决定》也明确提出："健全立法机关主导、社会各方有序参与立法的途径和方式，探索委托第三方起草法律法规草案。"这些在税收立法起草中都应坚决予以贯彻落实。

第三，税收立法程序的民主化。立法程序是指有权的国家机关在制定、认可、修改、补充和废止法的活动中，所必须遵循的法定的步骤和方法。❶ 立法程序民主化的核心要义，就是人民意志要以看得见的方式在立法过程中得到体现。18世纪法国杰出的启蒙思想家霍尔巴赫曾经特别强调指出："法律手续是为保护人民而规定出来的——这就是我们时代的公理。"❷ 据此，我们也可以说立法程序的民主化是人民当家作主的公理，是一种制度或程序设计。税收立法程序的民主化设置主要有以下两个方面的要求：首先，立法机关应当有民主化的税收立法活动程序，包括其税收立法活动应当有更多的公开性；"议事公开"乃是代议制

---

❶ 周旺生：《立法学教程》，北京：北京大学出版社2006年版，第238页。
❷ [法]霍尔巴赫著，陈太先等译：《自然政治论》，商务印书馆1994年版，第283页。

第一章 税收立法与国家治理现代化

民主政治的基本要求，现代意义上的立法活动都是公开进行的。从一定意义上讲，立法程序的民主性是以其公开性为前提的。公开性一旦丧失，则民主的基本信道便被堵塞，民主也就成为一句空话。具体而言，税收立法程序的公开性要求议员或者代表的具体立法活动，包括提案、质询、讨论、审议和表决等应当让公众知晓；税收立法听证应当公开进行，尽可能通过新闻媒体对外传播。除涉及国防、外交或其他重大事务不宜公开的外，任何立法会议均应公开举行。除可以自由旁听和采访外，立法会议的一切文件及记录均应公开发表或者允许公民自由查阅。立法程序的公开性是公民行使知情权的必然要求。现代社会的公民享有充分的知情权，有权了解和知晓立法机关及立法人员的所作所为，并以行使知情权作为间接参与立法的前提条件。作为民意代表机关的议会或人大亦有义务为公众提供有关立法活动的信息，有义务接受社会各界的舆论监督。❶ 其次，公民和社会团体等能够充分参与、影响和监督税收立法过程。我国过去的主要做法是召开座谈会、书面征求意见、调查研究、列席和旁听、公民讨论、专家咨询和论证、社会舆论载体讨论、信访等形式。在总结以往成功经验的基础上，2000 年 3 月 15 日，九届全国人大三次会议通过的《立法法》第 34 条、第 35 条和第 36 条规定，"列入常务委员会会议议程的法律案，法律委员会、有关的专门委员会和常务委员会工作机构应当听取各方面的意见。听取意见可以采取座谈会、论证会、听证会等多种形式。常务委员会工作机构应当将法律草案发送有关机关、组织和专家征求意见，将意见整理后送法律委

---

❶ 刘武俊："立法程序的民主性与公开性"，载《人民法院报》2001 年 5 月 29 日。

员会和有关的专门委员会,并根据需要,印发常务委员会会议。列入常务委员会会议议程的重要的法律案,经委员长会议决定,可以将法律草案公布,征求意见。各机关、组织和公民提出的意见送常务委员会工作机构。列入常务委员会会议议程的法律案,常务委员会工作机构应当收集整理分组审议的意见和各方面提出的意见以及其他有关资料,分送法律委员会和有关的专门委员会,并根据需要,印发常务委员会会议"。这些规定在一定程度上改变了我国公众立法参与长期以来缺乏明确的制度性规定的状况,标志着我国公众立法参与开始走上了法律化和制度化的轨道。税收立法往往关乎公众切身利益,公众也比较关注税收立法的制度设置和立法进程。因此,在正式立法阶段,更应当充分发扬民主,保障公众知情权,畅通公众参与渠道。实践证明,通过扩大公众参与来实现立法程序的民主化,也是防止税收立法中的部门利益和地方保护主义的有效途径。这是因为,"闭门立法"更容易实现不正当的部门利益和地方利益。

(三)坚持科学立法原则,改进税收立法技术

科学立法,是指立法活动作为立法者有目的、有意识的自觉活动,在充分认识和尊重事物发展的客观规律的基础上,准确回应现实社会生活关系的客观立法需求,从而实现主观与客观的统一。为了实现这一目的,我国《立法法》第6条明确规定了科学立法的基本原则,即"立法应当从实际出发,适应经济社会发展和全面深化改革的要求,科学合理地规定公民、法人和其他组织的权利与义务、国家机关的权力与责任"。在税收立法中坚持科学立法原则不仅是解决我国税收立法在科学性方面存在问题的有效途径,更是实现税收立法高质量发展的必由之路。在税收立法中坚持科学立法原则,最终目的是保证税收立法符合税收关

第一章 税收立法与国家治理现代化

系的客观规律,准确回应税收关系的客观立法需求,基本途径是从实际出发开展税收立法活动,适应经济社会发展和全面深化改革的要求,科学合理地规定公民、法人和其他组织的权利与义务、国家机关的权力与责任。

首先,从实际出发开展税收立法活动,充分认识和尊重税收关系的客观规律。正如马克思在《论离婚法草案》一文中所强调的,立法者"不是在制造法律,不是在发明法律,而仅仅是在表述法律"。❶ 税收立法应当以税收关系的本质为基础,而不是以个人的主观意志为基础。这就进一步要求立法者在税收立法活动中坚持"实事求是、一切从实际出发"的思想路线,深入开展调查研究,全面认识和把握客观实际。对此,彭真曾经指出:各级人大的立法工作,"应该、也有条件考虑基本的、重大的、长远的问题,进行系统的调查研究"。❷ 而且"这里所说的调查研究,不是一般视察,而是深入、系统的了解情况,研究问题"。❸ 正如党的十八大报告所指出的:"我们必须清醒认识到,我国仍处于并将长期处于社会主义初级阶段的基本国情没有变,人民日益增长的物质文化需要同落后的社会生产之间的矛盾这一社会主要矛盾没有变,我国是世界最大发展中国家的国际地位没有变。在任何情况下都要牢牢把握社会主义初级阶段这个最大国情,推进任何方面的改革发展都要牢牢立足社会主义初级阶段这个最大实际。"因此,坚持科学立法原则,首先就必须立足于社会主义初级阶段这个基本国情和最大实际为根本依据,不能脱离

---

❶ 《马克思恩格斯全集》(第一卷),人民出版社1956年版,第183页。
❷ 彭真:《论新中国的政法工作》,中央文献出版社1992年版,第366页。
❸ 彭真:《论新时期的社会主义民主与法制建设》,中央文献出版社1989年版,第216页。

和超越社会主义初级阶段。例如，我国社会主义初级阶段的一个突出特点是全国不同地区的经济、政治和文化的发展极不平衡。因此，在税收立法工作中就应当考虑到各地的实际情况，在统一税制的前提下，给地方留有一定的自主空间，以便各地区从自己的实际出发来进行地方立法。这样才能真正做到科学立法。坚持正确的思想路线和深入开展调查研究是实现科学立法的总的指导思想和根本工作方法，与此同时，相应立法机制和具体立法工作方式的改进与完善也是必不可少的。《中共中央关于全面推进依法治国若干重大问题的决定》提出的立法起草、论证、协调、审议机制，向下级人大征询立法意见机制，基层立法联系点制度，立法评估制度，立法项目征集和论证制度，以及委托第三方起草法律法规草案制度的建立和健全等，对于科学立法的实现而言，都将发挥非常重要和关键的作用。在税收立法中要善于运用好这些机制和工作方式。

其次，适应经济社会发展和全面深化改革的要求，准确回应现实社会生活关系的税收立法需求。从实际出发开展税收立法活动，充分认识和尊重事物发展的客观规律，在此基础上，立法者在税收立法活动中还应当发挥其主观能动性，从事物发展的客观规律中发现现实社会生活关系的税收立法需求，并以恰当的方式准确地回应这一需求。现实社会生活关系的税收立法需求是客观存在的，但如果立法者未加认识，或者虽然认识到了，却未以恰当的方式予以回应，那么，相应的税收法律是不可能被制定出来的，或者即使被制定出来，也难以有效地发挥其调整作用。就此，恩格斯曾指出："人们也可以在资产阶级大革命以后，以同一个罗马法为基础，创造像法兰西民法典这样典型的资产阶级社会的法典。因此，如果说民法准则只是以法的形式表现了社会的经济生活条件，那么这种准则就可以依情况的不同而把这些条件有时表现得好，有时表现得坏。"❶ 这就凸显了立法者的素质和相应的立法技术及方法的运用之于科学的立法活动的重要性。就我国当前和今后一段时期内的税收立法工作而言，准确回应现实社会生活关系的税收立法需求，就是要立足于当前和今后一个时期内我国经济社会发展的阶段性特征，结合全面推进依法治国的阶段性任务，紧密关注经济社会发展和改革开放中出现的新情况、新问题，敏锐把握经济社会发展和全面深化改革的税收立法需求，实现税收立法和相应改革决策相衔接，做到重大改革于法有据、税收立法主动适应经济社会发展和全面深化改革的需要。例如，随着中国特色社会主义进入新时代，我国社会主要矛盾已经转化为人民日益增长的美好生活需要和不平衡不充分的发展之间的矛盾，税收立法就应当从新时代社会主要矛盾的"供给侧"端切入，着眼于不平衡不充分的发展问题的解决，以满足人民日益增长的美好生活需要。再如，2021年8月17日召开的中央财经委员会第十次会议指出，要在高质量发展中促进共同富裕，正确处理效率和公平的关系，构建初次分配、再分配、三次分配协调配套的基础性制度安排，加大税收、社保、转移支付等调节力度并提高精准性，扩大中等收入群体比重，增加低收入群体收入，合理调节高收入，取缔非法收入，促进社会公平正义，促进人的全面发展，使全体人民朝着共同富裕目标扎实迈进。税收在调节收入分配方面的作用是显而易见的，因此，税收立法就应当着眼于促进共同富裕，通过税种的设置、税率的调整、税收优惠的实施及税收的征纳等，发挥税收在收入分配改革中的积极

---

❶《马克思恩格斯选集》（第四卷），人民出版社1995年版，第252页。

作用。

最后，科学合理地规定公民、法人和其他组织的权利与义务、国家机关的权力与责任。为有关法律关系主体设定权利和义务或权力和责任，是立法活动的基本方式。可以说，立法工作主要是围绕着设定权利和义务或权力和责任而展开的。[1]税收立法活动的基本方式就是通过为税收法律关系的主体设定权利和义务或权力和责任，来为税收法律关系的主体确立行为模式，并对不同的行为选择规定法律后果。税收法律权利是税收法律关系主体依法享有的某种权能或进行某种行为的可能性，主要是指公民、法人和其他组织作为纳税人所享有的权利。税收法律义务是税收法律关系主体依法承担的进行或不进行某种行为的必要性，主要是指公民、法人和其他组织作为纳税人所承担的义务。规定税收法律关系主体享有哪些权利，实际上是为权利主体提供了实现某种利益的可能性；规定税收法律关系主体履行哪些义务，实际上是为义务主体排除实现某种利益的可能性。税收法律权利与税收法律义务，作为税收法律规范内容的两个不可分离的方面，共处于各种税收规范性法律文件的统一体中，彼此相互联系、相辅相成、互为条件。没有无义务的权利，也没有无权利的义务。在法律上，规定一个主体享有权利，就意味着间接规定了其他主体负有相应的义务；规定一个主体负有义务，也意味着规定其他主体可能享有相应的权利。而且，权利主体在享有权利的同时也必须承担相应的义务。因此，税收立法应当以税收法律关系主体行使权利和履行义务一致为基础，不能允许任何主体只享受权利而不

---

[1] 朱力宇、张曙光主编：《立法学》（第三版），中国人民大学出版社2009年版，第71页。

履行义务,也不能允许任何主体只履行义务而不享受权利,任何主体都没有超越法律的特权。同时,税收立法要能够保证任何主体在行使权利时,切实履行自己应尽的义务,而不致滥用权利。在税收法律关系中,国家机关的权力和责任与公民、法人和其他组织的权利和义务有所不同,其根本的区别就是,国家机关及其工作人员是代表国家执行国家职能的,其权力属于国家和人民,而不是属于其单位的,更不是属于其个人的。所以,其权力也就是对国家和人民的责任。从这种意义上说,国家机关的职权也是职责,不得放弃或转让,否则就是失职。这就要求在税收立法中,对国家机关的权力及其行使设置监督和制约制度,要以制度来监督和制约权力,要防止权力的滥用;同时也要保证国家机关行使权力的效率和责任。在税收立法中科学合理地规定公民、法人和其他组织的权利与义务、国家机关的权力与责任,同样应当从实际出发,尊重税收关系和税收立法本身的规律性。此外,在税收立法中还要善于运用大数据、云计算、区块链等新兴技术,进行大样本立法信息数据的收集、整理和分析,让税收立法插上新技术的"翅膀",实现精准的立法供给。

第二章 税收立法前评估的一般理论

第一节 税收立法前评估的概念与原则

一、税收立法前评估的概念

(一) 税收立法的概念

税收立法这一概念通常在动态和静态两种既有区别又相互关联的两种意义上被使用。动态意义上的税收立法，是指特定主体依据一定的职权和程序，运用一定技术，制定、修改、补充、废止税收规范性法律文件以及认可税收法律规范的专门性活动。静态意义上的税收立法，则指税收规范性法律文件本身。由此可见，静态意义上的税收立法实际上是动态意义上的税收立法的结果。

但应予注意的是，静态意义上的税收立法虽然是动态意义上的税收立法的结果，但它并非后者的全部或唯一的结果。也就是说，二者之间并不是完全的对应关系。这是因为，动态意义上的税收立法既包括制定、修改、补充、废止税收规范性法律文件的活动，也包括认可税收法律规范的活动。就制定、修改、补充、废止税收规范性法律文件等活动而言,其结果可称为静态意义上的税收立法(税收规范性法律文件本身);但就认可税收法律规范的活动而言,其结果则一般不宜称为静态意义上的税收立法。因为,认可作为一种立法活动,一般是指创制习惯法规范和判例法规范的活动,其结果在表现形式上是习惯法或判例法,而非制定法(即以条文化的文字作为其载体的规范性法律文件)。而且,从各国税收立法的表现形式看,基于税收法定原则的要求,也多以代议制机关通过的制定法为主。

静态和动态两种意义上的税收立法均可按照一定的标准做进一步的划分:根据创制主体性质的不同,可分为权力机关的税收立法和行政机关的税收立法;根据创制主体地位的不同,可分为中央或联邦的税收立法和地方或(联邦成员)的税收立法;根据税收立法内容属性的不同,可分为实体性税收立法和程序性税收立法。

(二)立法前评估的概念

对于什么是立法前评估,理论上进行概念界定的较少,更多的是概括性的说明。例如,有学者指出立法机关在进行立法预测、确定立法规划以及进行立法论证时对立法的一种预评估,即立法前评估。[1]也有学者提出立法影响评估是经济合作与发展组织及其成员国使用的一个概念,也可用立法前评估、立法可行性研究等概念予以替代,其基本内涵和步骤是:立法机关在立法过程中,借助成本—效益分析等手段,预先评估法律条款实施后对本地区公民、政府和社会的效用和影响,以评估结果为依据修正

---

[1] 汪全胜等:《立法后评估研究》,人民出版社 2012 年版,第 19 页。

立法内容。❶ 另有学者指出，立法前评估，首要的是评估立法的必要性、合法性、协调性和可操作性，评估经济、社会条件对将要设立的法律制度和规则的约束条件，评估立法对经济、社会和环境的影响。❷ 还有学者认为"立法前评估"或"立法前质量评价"是与"立法后评估"或"立法后质量评价"相互对应的立法工作话语，在很多法治发达的国家，或称为"影响评估""影响性评估报告"。❸

而在概念界定方面，有学者认为，所谓立法前评估，是指在启动立法程序前，对立法项目的立法必要性、可行性和法规中主要制度的科学性、可操作性以及法规实施的预期效果、社会影响等进行分析、评价，使立法机关可以据此作出更为科学合理的立法决策，力求从源头上排除影响立法质量的不利因素。❹ 另有学者将立法前评估界定为："立法机关或者其他机构，按照一定的程序、标准和方法，对某项立法所要达到的目标、所要具体规范的内容的必要性和可行性以及对社会和公众的影响等所进行的评估。"❺ 此外，一些地方出台的立法评估规范性文件对立法前评估也作了明确界定。例如，《陕西省地方立法评估工作规定》第2条规定："立法前评估是指对立法选题就其必要性、可行性和

---

❶ 唐莹莹、李锦："立法影响评估的程序设计与方法研究"，载《北京人大》2012年第11期。

❷ 席涛："立法评估：评估什么和如何评估（上）——以中国立法评估为例"，载《政法论坛》2012年第9期。

❸ 俞荣根："地方立法前质量评价指标体系研究"，载《法治研究》2013年第5期。

❹ 王锡明："立法前评估是提高立法质量的积极举措"，载《人大研究》2012年第11期。

❺ 徐平："国外立法评估的启示"，载《人民论坛》2010年第11期。

成本效益进行调查、论证和评价的活动。"而《广东省人民代表大会常务委员会立法评估工作规定（试行）》则将立法前评估（表决前评估）界定为："表决前评估是指地方性法规案提请省人大常委会表决前，对法规案出台的时机、立法可能产生的社会影响等进行预测和研判的活动。"

上述关于立法前评估的描述和概念界定，分别从不同的理论视角和工作实践阐述了对立法前评估的认知，表明当前人们在"什么是立法前评估"这一问题的认识上既有"交集"，也存在分歧。这主要表现在三个方面。

第一，在立法前评估的时间上，虽然都认为立法前评估是于法案交付表决前进行的评估活动，但对于其是仅存在于立法准备阶段还是也延续至正式立法阶段，有不同认识。有的将立法前评估严格限定为立法准备阶段的立法评估活动，有的则认为法案交付表决之前的立法评估活动均为立法前评估。

第二，在立法前评估的对象上，虽然都认为立法前评估指向的是特定的立法项目，但对于其是仅限于某项立法的选题还是也包括该项立法的法律草案，存在不同认识。有的将其限于立法项目的选题，有的认为也包括法律草案。

第三，在立法前评估的内容上，虽然都将立法项目的必要性、可行性、立法的成本与效益以及立法的预期影响等纳入立法前评估的范畴，但在具体内容和强调的重点上有所不同。有的侧重于立法项目的必要性与可行性评估，有的侧重于立法的成本与效益评估，还有的侧重于立法的预期影响评估，等等。

(三) 税收立法前评估的概念

从上文的分析可以发现，对于什么是立法前评估，无论是在理论上还是在实践中，都还没有形成一个较为清晰一致的概念。也正是由于概念的模糊和不一致，产生了对立法前评估理解的不一致，并由此进一步导致立法前评估实践中具体做法上的极不统一。很显然，在立法前评估的理论研究和实践在我国刚刚兴起不久的当下，要给出一个各方面都能接受或认同的税收立法前评估的定义几乎是不可能的。但出于分析和论证的需要，本书仍试图对税收立法前评估的概念作如下界定：

所谓税收立法前评估，是指由特定主体在税收法案交付表决前，按照一定的标准、方法和程序，对税收立法项目的必要性与可行性和税收法律草案的合法性与合理性以及税收立法的成本效益与预期影响等进行的评估。

上述关于税收立法前评估概念的界定概括了税收立法前评估的诸要素，除强调税收立法前评估必须遵循一定的标准、方法和程序外，在评估主体的特定性、评估对象的复合性及评估内容的广泛性等方面也有所突出。

二、税收立法前评估的原则

税收立法前评估的原则，既是开展税收立法前评估活动应当遵循的基本准则，也是形成税收立法前评估规则的基本准则。它蕴含于税收立法前评估规则之中，对税收立法前评估规则制定和税收立法前评估活动的开展具有指导性和纲领性作用。税收立法前评估的原则，除客观性、公开性、独立性等立法评估应当遵循的一般原则外，还包括以下几项立法前评估的特有原则。

（一）与立法项目同步的原则

由于税收立法前评估包含了对税收立法项目的必要性和可行

第二章 税收立法前评估的一般理论

性的评估，因此，税收立法前评估必须坚持与立法项目同步进行的原则。也就是说，在立法选项时，就要对特定税收立法项目的必要性和可行性开展评估。如果等税收立法项目确定后，甚至是规范性法律文件草案都已经起草好了，再来开展立法前评估，那么前评估原本包含的必要性和可行性评估的性质就会变成"当行性评估"。这样的立法前评估无异于一场走秀，会失去任何正面价值。❶ 由此可见，在税收法案交付表决之前，税收立法前评估与立法项目的进行应当是相伴始终的，只有在税收法案交付表决后，税收立法前评估才因为已经完成"使命"而与立法项目的后续进行相分离。

（二）定性与定量结合的原则

就税收立法前评估的结论而言，主要是定性的，但评估结论的形成过程，也就是税收立法前评估活动本身应当定性与定量相结合，而且应当以定量分析为基础，对税收立法前评估的评价指标尽可能地做量化处理。这是因为，在税收立法前评估活动中，评估信息的采集、整理和加工以及评估的方法和技术等，都离不开定性分析和定量分析这两种方法，正确的做法应当是坚持定性与定量相结合的原则，将定性分析方法和定量分析方法有机地结合起来。而税收立法前评估之所以要以定量分析为基础，则是因为定量分析所得出的结论更为客观，受评估者的主观影响相对较小，也更易于使人接受。❷ 故而，定量分析被广泛运用于各类评估活动。强调定量分析在税收立法前评估中的重要性，并不意味

---

❶ 俞荣根主编：《地方立法质量评价指标体系研究》，法律出版社2013年版，第6页。

❷ 税收立法前评估相对于其他立法前评估而言，其评价指标的可量化性也更高些。

着不重视定性分析在税收立法前评估中的作用。在税收立法项目和税收法律草案的整体评价，特别是价值评价方面，定性分析的优势是显而易见的。

(三) 利益相关者参与的原则

与其说立法是一种专门的技术工作，毋宁说它是一种重大的社会抉择，是关于社会基本价值选择、社会中相互冲突的诸利益协调的重要活动；立法的核心问题就是如何确切地认识和恰当地协调各种利益，以减少利益冲突，促成利益的最大化；立法工作的成败得失都与人们对各种利益的认识和协调状况相关。❶ 税收立法关涉各方复杂的利益关系，国家、部门、企业、职工、公众等不同利益主体在税收立法的过程中既有共同利益诉求，也存在不同的利益诉求。因此，为了尽可能地听取和反映不同利益主体的诉求和意见，以获取更为全面、客观的评估信息，为税收立法前评估结论的客观性和公正性提供基本保障，税收立法前评估应坚持利益相关者参与原则。在税收立法前评估的全过程，不同利益主体均有参与并表达自身诉求和意见的机会；相关税收法律草案涉及重大利益调整的，还要建立有关国家机关、社会团体、专家学者等共同参与的重大利益调整论证咨询机制。借此在立法前评估阶段广泛凝聚社会共识。

---

❶ 朱力宇、张曙光主编：《立法学》(第三版)，中国人民大学出版社2009年版，第76页。

第二节　税收立法前评估的必要性分析

一、立法前评估的一般功能

（一）优化立法选项

正如有学者所指出的，立法前评估必须与立法项目同步进行，如果等法案起草完毕再来作立法前评估报告，那么前评估原本所含的可行性研究报告性质就会变味成"当行性报告"，这样的前评估无异于一场走秀，失去任何正面价值。[1] 立法前评估之所以必须与立法项目同步进行，其原因就在于立法前评估本身就具有优化立法选项的功能。在立法项目的选择和确定的过程中，对立法项目的必要性和可行性进行评估，既是立法前评估的应有之义，也是立法前评估的一项重要内容。从理论上和原则上讲，任何一个立法项目在正式启动前都应当就其必要性和可行性开展评估。唯有如此，方能保证立法选项的质量和后续立法工作的顺利开展。反之，如果在对立法项目的必要性和可行性都缺乏把握的情况下就贸然开始起草法案，不仅会使之后的前评估成为"当行性评估"，还有可能因为选定的立法项目客观上不具备必要性和可行性，从而影响后续立法工作的开展。由此可见，立法选项阶段的前评估，实际上具有"优胜劣汰"的功能——从源头上确保立法项目的质量。

---

[1] 俞荣根主编：《地方立法质量评价指标体系研究》，法律出版社2013年版，第6页。

（二）节约立法资源

立法资源的有限性和立法需求的不断涌现之间的矛盾，仍然是我国当前立法工作的主要矛盾之一。因此，如何用对和用好有限的立法资源就显得至关重要。通过发挥立法选项阶段前评估"优胜劣汰"的作用：对具备必要性与可行性的立法项目予以立项，并按照立法工作的整体安排和轻重缓急开展后续立法活动（如起草法案），否则就应不予立项或暂缓立项，后续的立法活动也没必要进行。在立法选项阶段就通过前评估将那些不具备或暂时不具备必要性和可行性的立法项目予以排除或暂缓立项，不仅可以从源头上确保立法项目的质量，还可以从源头上控制立法成本，以达到节约立法资源的目的。在立法实践中，因为立法选项阶段的前评估的缺乏或不足而浪费立法资源的例子并不鲜见。例如，在开展立法调研甚至是起草好法案文本之后，才发现立法项目的必要性和可行性不足，以至于相关立法项目被迫搁置；再如，在正式立法程序的法案审议阶段各方面还在为某一立法的必要性和可行性问题争论不休，以至于影响相关立法的立法进度；等等。

（三）提高立法质量

在法案交付表决前对立法项目的必要性与可行性和法律草案的合法性与合理性以及立法的成本效益与预期影响等开展评估，使立法机关可以据此作出更为科学合理的立法决策，力求从源头上排除影响立法质量的不利因素，使立法的前瞻性、科学性和可行性得以提升，从而提高立法的质量。特别是在我国，立法准备就其主要倾向看，具有决策性，众多立法的命运，实质上是在立法准备阶段就决定了，法案提交立法机关审议、表决，往往只是

第二章　税收立法前评估的一般理论

或者主要是履行法定程序，并不能真正决定该法案能否正式成为法，因为能否正式成为法，在立法准备阶段就已有定夺或者至少大体上已有定夺了。❶ 因此，在我国，一项立法的定型化主要是在立法准备阶段，而不是在法案交付审议、表决的正式立法阶段。这也正是我国立法实践中，法案交付审议、表决的过程中，很少或较少对法的草案作出改动的原因所在。由此可见，在立法前评估中严把法的草案的质量关，对于保证立法质量至关重要。

（四）平衡各方利益

立法过程在本质上就是通过权利和义务的配置来平衡各方利益的过程。在我国，绝大多数立法的法的草案是由政府的主管部门负责起草的。❷ 由政府主管部门负责起草法的草案，既有有利的方面，也有不利的方面。有利的方面主要表现在：政府主管部门处于管理行政事务的前沿，有熟悉业务、了解情况的优势，能更及时和更全面地了解中央和地方的政治、经济、文化和社会生活等各个方面的发展变化，能更透彻和准确地把握现实社会生活中各方面的需求及发展趋向，能更敏锐地发现需要法律调整的社会问题及通过立法加以调整的途径和方法等；❸ 其不利甚至是存在很大弊端的方面则在于：由政府主管部门主导法的草案的起

---

❶ 周旺生：《立法学教程》，北京大学出版社 2006 年版，第 173 页。
❷ 原国务院法制局副局长李培传就曾指出，"在我国，据不完全统计，大约占 80% 左右的法律草案是由国务院所属各部委起草的，但这些法律草案必须先提交国务院，经国务院审议通过，然后作为国务院的立法议案并由国务院总理签署后正式提出"。参见李培传主编：《中国社会主义立法的理论与实践》，中国法制出版社 1991 年版，第 87 页。
❸ 在我国，政府主导法案起草的原因主要有二：一是我国法律所规定的大部分提案主体现阶段都没有能力在法案起草中发挥主导作用；二是政府及其所属部门自身具有的信息优势、人才优势和技术优势使得其有能力参与法案起草并在其中发挥主导作用。

67

草，容易受部门利益影响，甚至为了部门利益而立法，从而产生"利益部门化、部门利益法律化"及"借法扩权""借法逐利"的诟病。❶ 而某些政府主管部门在法案起草过程中之所以敢于"借法扩权"和"借法逐利"以及它们的"企图"之所以能成为现实，一个很重要的原因是起草法案在我国的立法过程中"太重要"了，而法案提出之后的审议与表决却显得无足轻重，以至于难以发挥其应有的"淘汰"功能——使那些"问题法案"难以通过或者在作出重大修正后才能够通过。解决立法中部门利益问题的途径，除了加强人大在法的起草过程中的主导作用和强化正式立法程序，尤其是法案审议程序和表决程序的作用之外，加强立法前评估也不失为一个行之有效的途径。在立法提前评估中引入第三方评估机制，由第三方机构从相对超脱的立场和公平公正的视角对立法项目和法的草案进行评估，能够有效避免法的草案过度注重行政管理、维护部门利益的倾向，使立法机关作出更为科学合理的立法决策。

二、税收立法的特有属性

税收立法相较于其他领域的立法而言，由于其立法内容的特殊性，从而使得其在立法主体、立法程序及立法影响等方面呈现出一些特有的属性。这些属性的存在则在很大程度上增强了税收立法前评估的必要性。

(一) 立法主体的专属性

一般认为，税收法定原则是税收立法的首要原则。税收法定

---

❶ 蔡定剑：《一个人大研究者的探索》，武汉大学出版社2007年版，第208页。

原则的基本含义是指税收的征纳必须有法律依据，没有法律依据，国家不得随意课税，任何人也不得被要求纳税。关于税收法定原则的具体内容是什么，学界的概括虽然众说纷纭，但均不否认"法律保留"为税收法定原则的基本内核。税收立法中的法律保留，亦称"议会保留"，是指征税主体征税必须且仅依立法机关制定的法律来进行；其实质是要确保立法机关对征税立法权的控制，并由此来制约政府的征税执行权。❶ 因此，税收法定原则中的"法"并非指法的整体，即包括议会立法、行政立法等在内的广义的法律，而仅指立法机关制定的狭义的法律。世界各国宪法中所规定的税收法定原则，一般也是指狭义的法律，但其严格程度不一。❷ 我国虽然没有在现行《宪法》中明确规定税收法定原则，但在《税收征收管理法》和《立法法》中对作为该原则基本内核的法律保留作了相应规定。其中，《税收征收管理法》第3条规定："税收的开征、停征以及减税、免税、退税、补税，依照法律的规定执行；法律授权国务院规定的，依照国务院制定的行政法规的规定执行。"《立法法》则于第8条规定全国人大及其常委会的专属立法事项时将"税种的设立、税率的确定和税收征收管理等税收基本制度"列入只能制定法律的范围，同时于第9条规定第8条所列事项尚未制定法律的，全国人

---

❶ 法律保留是"法治国"理念下的产物，本来是旨在制约国家权力对公民权利的肆意侵害，将国家权力对基本权利的限制"保留"在法律上，即只容许通过国家立法机关制定的法律才能对基本权利作出规制。在基本人权的保障中，法律保留表现为两种具体的方式，即"规范保留"和"限制保留"。

❷ 在相关学者考察的111个国家的宪法中，强调基本税收事项只能由狭义的法律而不能由其外的法律渊源予以规定的国家有24个，占85个规定税收法定原则国家的28%。参见翟继光："税收法定原则比较研究"，载《杭州师范学院学报》2005年第2期。

大及其常委会有权作出决定,授权国务院可以根据实际需要,对其中的部分事项先制定行政法规,但是有关犯罪和刑罚、对公民政治权利的剥夺和限制人身自由的强制措施和处罚、司法制度等事项除外。❶ 由此可见,税收立法权在绝大多数国家具有专属性,只能由特定的立法主体来行使,特别是课税要素只能由立法机关制定的法律规定,其他主体不得僭越。因此,在税收立法过程中,在进行立法选项时,就应注意立法主体是否享有相应的立法职权,而开展税收立法前评估,恰恰可以起到防止不具有相应立法职权的主体越权立法的作用。

(二) 立法程序的特别性

税收立法不仅在立法主体上具有专属性,而且在立法程序上也有别于其他领域的立法。这集中体现在税收法案的提出方面。在美国,根据联邦宪法第 1 条第 7 款第 1 项的规定,所有征税法案应首先向众议院提出,参议院可以提出修正案或对修正案表示赞同。❷ 在法国、澳大利亚、塞浦路斯、意大利、马来西亚、波兰、赞比亚等国家,议会议员不得提出具有财政后果的法案,此类法案只能由政府提出;在肯尼亚,财税法案只能由议会授权给某个议员时方可提出,在希腊、新西兰、西班牙、泰国和瓦努阿图,这类议案如想被接受,必须得到政府的推荐;在英国,下议院的议员不能提出其主要意图在于增加支出或税收的法案,也不可在一个法案的相关条款中提出此类增加,除非政府已提出批准增加这种开支的议案,并已获得下议院的同意;在喀麦隆、刚果

---

❶ 正因为我国《立法法》关于税收立法权仍然有授权立法的规定,所以,一般认为其确立的并非严格意义上的税收法定原则。

❷ 易有禄:《立法权的宪法维度》,知识产权出版社 2010 年版,第 176 页。

第二章 税收立法前评估的一般理论

和列支敦士登,如果不提出在其他地方相应削减支出或增加收入的措施,议员就不得提出减少收入来源或增加开支的议案。❶ 由上可见,税收法案在很多国家只能由特定的主体提出;不仅如此,特定主体在提出税收法案时,还必须向立法机关提出税收法案通过后可能对财政收入和国民负担带来的影响的报告。而后者本身就是立法前评估的一项重要内容。

(三) 立法影响的广泛性

由于税收本身在职能和效应上的多元性,从而使得税收立法对国家和社会的影响较之于其他领域的立法而言,显得更具广泛性。从税收的职能看,税收既是国家取得财政收入的一种主要途径,也是调节经济和社会财富分配的重要手段。国家为了满足社会公共需要,必须取得财政收入并用以向社会提供公共商品,而自古至今,国家取得财政收入的途径虽然多种多样,但使用时间最长、运用范围最广、积累财政资金最为有效的,首推税收。当今世界上绝大多数国家,其财政收入的80%以上都来自各种税收;我国自1985年开始,政府预算内财政收入的90%以上均来自税收收入。❷ 作为规范税收行为、调整税收关系的税法的立、改、废等将对国家的财政收入产生直接或间接的影响,并进而影响国家社会公共职能的履行。在此意义上可以说,税收和税收立法既关乎国计又影响民生。税收在具有财政收入职能的同时,还由此派生出调节经济和社会财富分配的职能。由税收分配所引起的利益调整,促使社会成员和经济组织改变和调整其经济行为和

---

❶ 易有禄:《各国议会立法程序比较》,知识产权出版社2009年版,第35-36页。

❷ 庞凤喜主编:《税收原理与中国税制》(第三版),中国财政经济出版社2010年版,第10页。

经济活动，从而影响整个社会的经济运行；作为一种社会再分配的手段，税收通过调整社会经济活动中各个利益主体的经济利益，影响并改变利益主体的收入，进而调整社会成员在社会收入分配上的格局。这也就使得税收立法具有更为广泛的经济和社会影响。而税收效应所反映出来的政府课税对微观主体行为与福利变化及对宏观经济运行产生的影响，则使得这种影响表现得更加直观、多元且可计量化。正是因为税收立法影响的广泛性，从而使得税收立法前评估，尤其是税收立法的影响性评估，显得更加必要。

三、税收立法的实践需要

税收法定原则作为税收立法的首要原则，成为世界上多数国家税收立法的基本遵循。然而，新中国成立后，在税收立法中确立和落实税收法定原则却经历了一个漫长的过程。在1954年之前，税种法税收法律只有1件，即中央人民政府委员会于1950年9月5日公布的《新解放区农业税暂行条例》，其余税种法均为政务院的税收行政法规。❶ 1954~1978年，由全国人大常委会通过的税种法税收单行法规也只有1件，即1958年6月3日第一届全国人大常委会第九十六次会议通过的《农业税条例》。❷ 1978年以后，全国人大及其常委会出台税收法律的进度虽然仍

---

❶ 刘佐："60年来税收立法的简要回顾与展望"，载《税务研究》2014年第9期。

❷ 根据1954年《宪法》的规定，只有全国人大才有制定法律的权力，全国人大常委会只有权制定法令而不能制定法律。1955年7月30日第一届全国人大二次会议作出决议授权全国人大常委会根据实际需要适时地制定部分性质的法律即单行法规。因此，1958年6月3日第一届全国人大常委会第九十六次会议通过的《农业税条例》并非严格意义上的法律，而属于部门性质的法律，即单行法规。

然较慢，但制定和修改税收法律的数量总体上呈上升趋势，迄至2021年8月31日，我国现行征收的18个税种中，有12个税种已经出台了税种法法律（见表2-1，表2-2）。

表2-1 中国税收法律一览（1978~2021年）

序号	法律名称	首次颁布时间	制定主体	效力状况
1	个人所得税法	1980-09-10	全国人大	有效（7次修改）
2	中外合资经营企业所得税法	1980-09-10	全国人大	失效（1次修改）
3	外国企业所得税法	1981-12-13	全国人大	失效
4	外商投资企业和外国企业所得税法	1991-04-09	全国人大	失效
5	税收征收管理法	1992-09-04	全国人大常委会	有效（4次修改）
6	企业所得税法	2007-03-16	全国人大	有效（2次修改）
7	车船税法	2011-02-25	全国人大常委会	有效
8	环境保护税法	2016-12-25	全国人大常委会	有效（1次修改）
9	船舶吨税法	2017-12-27	全国人大常委会	有效（1次修改）
10	烟叶税法	2017-12-27	全国人大常委会	有效
11	车辆购置税法	2018-12-29	全国人大常委会	有效
12	耕地占用税法	2018-12-29	全国人大常委会	有效
13	资源税法	2019-08-26	全国人大常委会	有效
14	契税法	2020-08-11	全国人大常委会	有效
15	城市维护建设税法	2020-08-11	全国人大常委会	有效
16	印花税法	2021-06-10	全国人大常委会	有效

表2-2 中国现行有效税收行政法规一览（1978~2021年）

序号	法规名称	首次颁布时间	修改情况
1	房产税暂行条例	1986-09-15	1次修改

续表

序号	法规名称	首次颁布时间	修改情况
2	城镇土地使用税暂行条例	1988-09-27	4次修改
3	国家高新技术产业开发区税收政策的规定❶	1991-03-06	
4	增值税暂行条例	1993-12-13	3次修改
5	消费税暂行条例	1993-12-13	1次修改
6	土地增值税暂行条例	1993-12-13	1次修改
7	个人所得税法实施条例	1994-01-28	4次修改
8	科学研究和教学用品免征进口税收暂行规定❷	1997-04-10	
9	残疾人专用品免征进口税收暂行规定❸	1997-04-10	
10	外国人在华常驻人员携带进境物品进口税收暂行规定❹	1999-03-10	
11	对储蓄存款利息所得征收个人所得税的实施办法	1999-09-30	1次修改
12	税收征收管理法实施细则	2002-09-07	2次修改
13	进出口关税条例	2003-11-23	4次修改
14	企业所得税法实施条例	2007-12-06	1次修改
15	车船税法实施条例	2011-12-05	1次修改
16	关于废止《营业税暂行条例》和修改《增值税暂行条例》的决定	2017-11-19	
17	环境保护税法实施条例	2017-12-25	

---

❶ 国务院批准,税务总局发布。
❷ 国务院批准,海关总署发布。
❸ 国务院批准,海关总署发布。
❹ 国务院批准,财政部、税务总局发布。

第二章 税收立法前评估的一般理论

全国人大及其常委会制定的税收法律的数量不断上升，表明我国的税收立法越来越重视税收法定原则的落实。2013年11月12日，党的十八届三中全会通过的《关于全面深化改革若干重大问题的决定》第一次在党中央的重要文件中明确提出了"落实税收法定原则"的要求。2015年3月，全国人大常委会报送中共中央的《贯彻落实税收法定原则的实施意见》获得中共中央审议和通过。该实施意见不仅明确规定"开征新税的应当通过全国人大及其常委会制定相应的税收法律"，还明确提出，到2020年年底之前，现行有效的税收暂行条例全部要上升为法律。可以预见的是，在未来2~3年，我国税收立法将继续保持密集立法的态势。❶

随着我国税收立法步伐的加快，更应当重视和保证税收立法的质量。而税收立法前评估不仅有助于提高税收立法的质量，而且有助于破解税收立法中"部门利益法律化"的困境，防止某些政府主管部门"借法扩权"和"借法逐利"。因此，加强税收立法前评估，对于我国税收立法实践而言，不仅是确有必要，而且是恰逢其时。

第三节 税收立法前评估的可行性分析

在我国开展税收立法前评估的可行性主要来自三个方面的基础条件：一是有一定的立法前评估的制度基础；二是有一定的立法前评估的实践基础；三是有一定的立法前评估的理论基础。以

---

❶ 刘剑文主编：《改革开放40年与中国财税法发展》，法律出版社2018年版，第208页。

下分别对这三个方面的基础条件予以分析。

一、立法前评估的制度基础

2015年修改后的《立法法》第39条规定:"拟提请常务委员会会议审议通过的法律案,在法律委员会提出审议结果报告前,常务委员会工作机构可以对法律草案中主要制度规范的可行性、法律出台时机、法律实施的社会效果和可能出现的问题等进行评估。评估情况由法律委员会在审议结果报告中予以说明。"该条规定系2015年3月15日第十二届全国人民代表大会第三次会议通过的《关于修改〈中华人民共和国立法法〉的决定》增加的一个条文。这是在我国立法实践中已对部分法律开展立法前评估的背景下,在《立法法》中增设的一项制度。由于提请全国人大审议的法律案,按照惯例,在向全国人大提出之前均要由全国人大常委会先行审议,所以上述规定在国家立法的层面为法律的立法前评估提供了制度依据。

2017年12月22日修订的《行政法规制定程序条例》和《规章制定程序条例》分别对行政法规和规章的立法前评估作了相应规定,即对有较大争议的重要立法事项,法制工作机构可以委托有关专家、教学科研单位、社会组织进行评估。❶ 从而为行

---

❶ 《行政法规制定程序条例》第23条第1款规定:国务院有关部门对行政法规送审稿涉及的主要制度、方针政策、管理体制、权限分工等有不同意见的,国务院法制机构应当进行协调,力求达成一致意见。对有较大争议的重要立法事项,国务院法制机构可以委托有关专家、教学科研单位、社会组织进行评估。《规章制定程序条例》第24条第1款规定:有关机构或者部门对规章送审稿涉及的主要措施、管理体制、权限分工等问题有不同意见的,法制机构应当进行协调,力求达成一致意见。对有较大争议的重要立法事项,法制机构可以委托有关专家、教学科研单位、社会组织进行评估。

第二章　税收立法前评估的一般理论

政法规和规章（部门规章和地方政府规章）的立法前评估提供了制度依据。

在地方立法层面，2015年《立法法》修改后，绝大多数省、自治区、直辖市及较大的市都修改了本省（区、市）的《立法条例》，并且在修改后的《立法条例》中增加了地方性法规和对地方政府规章的立法前评估作了相应规定；而新获地方立法权的设区的市出台的《立法条例》也大多对地方性法规和地方政府规章的立法前评估作了规定。此外，部分地方还出台了专门的立法评估工作规定，如《广东省人民代表大会常务委员会立法评估工作规定（试行）》《陕西省地方立法评估工作规定》《常德市人大常委会立法评估工作制度》《茂名市人民代表大会常务委员会立法评估工作规定》《徐州市地方立法评估工作规则》等。2019年5月5日苏州市政府第65次常务会议审议通过《苏州市人民政府立法前评估办法》，该办法在全国率先以地方行政立法形式规定立法前评估制度，将立法质量的关口前移至立法前阶段，并对立法前评估的概念、原则、主体、程序、报告内容及结果运用等进行了明确和细化，进一步推动精细化立法、科学立法。❶

二、立法前评估的实践基础

（一）立法前评估的国内实践

1. 我国立法前评估的地方实践

我国的立法前评估实践，同立法后评估一样，也是先从地方

---

❶ http：//www.sfj.suzhou.gov.cn/infodetailgxh-fzsz.html？infoid=7a77482b-a4fa-448c-9409-15e1de18073f，最后访问日期：2019-11-14。

开始的。据不完全统计，2009年至今，有四川、山东、江苏、广东四省及青岛、海口、福州三市的人大或政府部门在相关地方立法中开展了立法前评估工作（表2-3反映了我国目前已进行的部分立法前评估实践的基本情况）。

表2-3 中国部分地方立法前评估实践的基本情况

评估主体	评估对象	评估内容	评估方法	评估规定
四川省法制办	《四川省雷电灾害防御管理规定》	立法必要性、立法成本和实施成本	成本效益分析法	无
山东省人大常委会（委托第三方评估）	《山东省专利保护条例（修订）》《山东省辐射污染防治条例》	立法项目的目的、内容、可行性、社会影响以及法规实施的成本效益	问卷调查、实地调研、论证会、综合评估	无
江苏省人大常委会	《江苏省爱国卫生条例》	控烟规定实施后的社会效果和可能出现的问题，公共场所控烟的立法基础，具体规定的科学性与可操作性	论证会	无
广东省人大常委会	《广东省安全生产条例（修订）》《广东省建设工程质量管理条例（修订）》	法规案出台的时机是否适宜，是否与本省经济社会发展水平相适应，是否具备相应的人力、财力、物力，相关配套措施是否能及时到位	论证会	《广东省人民代表大会常务委员会立法评估工作规定（试行）》
青岛市人大常委会（委托第三方评估）	《青岛市建筑废弃物资源化综合利用管理条例》《青岛市实施〈中华人民共和国标准化法〉办法》	立法条件、立法成本、执法成本、守法成本、纠纷解决成本、立法效益、法规实施情况预测	系统评价法、比较分析法、成本效益分析法	无

续表

评估主体	评估对象	评估内容	评估方法	评估规定
海口市法制局	8件政府规章项目	立法项目的必要性、合法性及可行性	论证会	无
福州市人大常委会法工委	《福州市法律援助条例》	制约本市法律援助发展的因素	座谈会	无

在评估主体方面,地方性法规立法项目是由各省、市人大常委会法工委组织评估,地方政府规章立法项目则由各省、市人民政府的法制工作机构组织评估。其中,山东省人大常委会和青岛市人大常委会在对相关立法项目进行自主评估的同时,还采取了委托第三方评估的方式。[1]

在评估对象方面,四川、山东、海口、福州的立法前评估项目为尚未列入立法计划的立法项目,即处于立项论证阶段的立法项目,江苏、广东的立法前评估项目为已形成法规或草案的立法项目,即处于审议或表决前的立法项目,青岛的立法前评估项目为已列入年度立法计划的立法调研项目。在立法项目的类型上,既有制定类项目,也有修改类立法项目,但以前者居多。从总体看,评估主体所选择的评估对象所调整的社会关系相对简单,社会影响较为单一,适用范围较窄,执法主体不多。这和我国较早

---

[1] 2012年4月24日,山东省人大常委会将《山东省专利保护条例(修订)》和《山东省辐射污染防治条例》两件立法项目委托给山东社科院和山东大学进行立法前评估;2011年5月18日,青岛市人大常委会将《青岛市建筑废弃物资源化综合利用管理条例》和《青岛市实施〈中华人民共和国标准化法〉办法》委托青岛理工大学和青岛市社科院进行立法前评估。

前进行的立法后评估对象的选择情况差不多。❶

在评估内容方面，福州的立法前评估主要就当前制约本市法律援助发展的因素这一问题展开，内容上较为单一，属于单项评估；其他省、市已进行的立法前评估均为整体评估，评估内容较广泛。整体评估的内容大体包括立法项目的必要性、合法性、可行性，立法成本、实施成本、立法效益，以及立法的预期影响等。但由于所选择的具体评估对象的不同和评估所处阶段的不同，各自在评估内容的侧重点上也有所不同。例如，四川、山东、海口的评估项目为立项论证的立法项目，其立法"前"评估属于立项前的评估，故在评估内容上侧重于立法项目的必要性、合法性及可行性而兼及其他；江苏、广东的评估项目已形成法规或法律草案，其立法"前"评估为审议或表决前的评估，在评估内容上则侧重于草案本身的合理性、可操作性及法律、法规实施的条件和预期影响。

在评估方法方面，江苏、广东、海口、福州的立法前评估是通过召开立法前评估论证会或座谈会的形式进行的，四川主要采用成本效益分析的方法，青岛使用了系统评价法、比较分析法、成本效益分析法等方法，山东运用了问卷调查、实地调研、论证会、综合评估等方法。其中，论证会、座谈会、问卷调查、实地调研等方法，就其目的和功能而言，主要还是征求各方面对立法项目的意见及采集评估所需的各方面信息，从方法论的角度看，属于评估信息资料的采集方法范畴，而不属于严格意义上的评估

---

❶ 席涛："立法评估：评估什么和如何评估（上）——以中国立法评估为例"，载《政法论坛》2012年第5期。

第二章 税收立法前评估的一般理论

方法。❶ 而成本效益分析、比较分析、系统评价、综合评估等方法在各省、市的立法前评估实践中的运用，比较抽象和原则，缺乏数量化的评价指标，从形式上看属于定量分析方法，但在实际操作上仍偏重且依赖于定性分析。

在评估规定方面，广东在评估之前就已制定《广东省人民代表大会常务委员会立法评估工作规定（试行）》，对立法前评估和立法后评估进行统一规范，其他省、市及全国人大常委会于评估前均未制定相关规范性文件对立法前评估进行规范。❷ 根据《广东省人民代表大会常务委员会立法评估工作规定（试行）》，新制定、全面修订以及对重大制度作修改的法规案应当开展表决前评估，表决前评估主要是对法规案进行总体评价，围绕以下三个方面进行：（1）法规案出台的时机是否适宜，是否与本省经济社会发展水平相适应，是否具备相应的实施条件，相关配套措施是否能及时到位；（2）法规案通过后对本地区改革发展稳定可能产生的影响；（3）可能影响法规实施的重大因素和问题等。

2. 我国立法前评估的国家实践

为了进一步提高立法质量，在 2013 年 4 月 15 日的十二届全国人大常委会第二次委员长会议上，全国人大常委会委员长张德江提出：要提高立法的准确性，在法律草案表决通过前要增加评估程序，邀请有关人士和专家学者对法律出台的时机、实施的社

---

❶ 汪全胜等：《立法后评估研究》，人民出版社 2012 年版，第 283 页。
❷ 2012 年 11 月 21 日陕西省第十一届人大常委会第 107 次主任会议通过的《陕西省地方立法评估工作规定》和 2007 年 12 月 10 日发布的《海南省人民政府办公厅关于开展立法成本效益分析工作的实施意见》对立法前评估也有相关规定，但迄今未见两省开展立法前评估工作的相关消息。

会效果和实施中可能出现的问题进行论证。4月17日,在全国人大会议中心,全国人大常委会法工委副主任郎胜主持召开专题会议,请受邀代表就旅游法草案主要制度规范的可行性、出台时机、实施效果及实施中可能出现的问题进行论证评估。与会代表认为,发展旅游业在转方式、调结构、扩内需、促就业、富民生等方面,都具有十分重要的作用;制定旅游法,适应了推动科学发展的要求和人民群众过上更加美好生活的新期待,现在出台是必要的、适时的。同时,每位代表还从自身的角度出发,阐述了自己的观点。会后,全国人大常委会法工委对与会代表的意见和建议及时进行了梳理和研究,并总结了这次评估会的经验,还对今后如何进一步完善评估工作进行了认真思考。据介绍,此次应邀参加评估会的代表共有10人,其中,来自基层旅游局的全国人大代表1人,具有丰富经验的旅游者3人,业务类型全面的大中型旅行社负责人3人,长期从事旅游行为和旅游法律研究的专家学者3人。旅游法草案是我国首部进行法律草案表决前评估工作的法律案。

2013年5月31日,同样是在全国人大会议中心,全国人大常委会法工委副主任阚珂主持召开专题会议,就特种设备安全法主要制度规范的可行性、出台时机、实施效果及实施中可能出现的问题进行了论证评估。为提高评估会质量,增强参会人员的代表性,本次会议共遴选17名代表参加。其中全国人大代表2名,从事特种设备安全研究的专家学者1名,特种设备生产单位(包括制造、安装、改造、修理)及维护保养单位代表5名,使用单位代表3名,检验、检测机构代表2名,特种设备安全监管部门代表3名,行业协会代表1名。从代表组成来看,既有来自企业生产一线的职工代表,也有从事理论研究的专家学者代表;

第二章 税收立法前评估的一般理论

生产、使用单位代表中，既有来自东部沿海经济发达地区的代表，也有来自中西部省份的代表，尤其是充分考虑了特种设备生产、使用较为集中区域的代表；选取代表既充分考虑其行业背景，也充分考虑其单位、职业背景。据了解，为了开好评估会，会前，全国人大常委会法工委社会法室将草案印发参会代表，并安排半天时间供参会代表研读草案内容。在评估会上，与会代表对特种设备安全法草案进行了总体评估，一些代表还对草案提出了具体修改意见，在经过认真研究后，有的意见写入了法律中。

（二）立法前评估的国外实践

国外立法前评估的实践要远早于我国。有资料表明，在1990年欧洲经济合作与发展组织（Organization for Co-operation and Development of Europe，OECD）就开始对"如何提升立法质量"这一课题展开了研究。1995年，OECD理事会通过了《提高政府规制质量建议书》。在该建议书中，OECD所有成员一致认定影响性评估报告制度对于提升立法质量至关重要。建议书指出，好的立法规范应当具备以下8个方面的条件：（1）为明确而清晰的政治目标服务，并且有效实现了这些目标；（2）具备法律和经验基础；（3）根据成本产生效益，考虑分配的社会效果，同时经济、环境等都应该被考虑在内；（4）实现成本和社会动荡的最小化；（5）通过市场激励和全球途径推动创新；（6）清晰、简单、实用；（7）与其他法规和政策保持一致；（8）保持国内和国际的贸易以及投资既协调共存又具有竞争的状态。影响性评估报告制度几乎成了OECD成员在立法前对拟制定的法律规范进行考察的一项最为重要的制度，它也构成了一国立法质量评价体系中极为重要的一环。[1] 进入21世纪以后，随着规制改革日益成为世界各国道德普遍共识，影响性评估报告制度在不同发展程度的国家中得到了深度拓展，不仅OECD的34个成员均建立了该制度，就连一些发展中国家如菲律宾、坦桑尼亚、牙买加、南非、乌干达、斯里兰卡等国也开始了这一制度的实践，更不用说美国、日本等发达国家了。[2]

综上，在立法前评估方面开展的国内实践已经为税收立法前评估积累了一定的实践经验；而其他国家和地区的立法前评估实践则为我国开展税收立法前评估提供了不少可资借鉴的成功经验。例如，有国内学者综合国外影响性评估的实践，将其成功经验归纳为：（1）影响性评估报告与立法项目同步进行；（2）慎重分配影响性评估报告的审查权限；（3）引入更广泛的咨询程序；（4）运用成本效益分析等连贯一致但具有灵活性的分析工具；（5）注意影响性评估的成本。[3]

三、立法前评估的理论基础

我国学界对立法前评估的理论研究起步较晚，大体上开始于2010年前后。历经十余年的发展，现已公开发表或出版的研究成果主要有：《国外立法评估的启示》[4]（徐平，2010）；《立法评估：评估什么与如何评估（上）——金融危机后美国和欧盟

---

[1] 俞荣根主编：《地方立法质量评价指标体系研究》，法律出版社2013年版，第138页。

[2] 郑宁：《行政立法评估制度研究》，中国政法大学出版社2013年版，第60-61页。

[3] 俞荣根主编：《地方立法质量评价指标体系研究》，法律出版社2013年版，第160-162页。

[4] 徐平："国外立法评估的启示"，载《人民论坛》2010年第11期。

立法前评估改革探讨》❶（席涛，2012）；《立法评估：评估什么和如何评估（下）——以中国立法评估为例》❷（席涛，2012）；《立法评估：评估什么和如何评估——美国、欧盟和 OECD 法律法规和指引》❸（席涛，2012）；《立法影响评估的程序设计与方法研究》❹（唐莹莹、李锦，2012）；《立法前评估是提高立法质量的积极举措》❺（王锡明，2012）；《行政立法评估制度研究》❻（郑宁，2013）；《地方立法质量评价指标体系研究》❼（俞荣根，2013）；《税收立法前评估：评估什么与如何评估》❽（易有禄，2014）；《立法前评估标准研究》❾（忤琼，2016）；《立法前评估指标体系的构建》❿（张莹，2016）；《美国立法前评估制度研究》⓫（许虹，2017）；《地方立法评估制度研究》⓬（夏正林、王

---

❶ 席涛："立法评估：评估什么和如何评估（上）——金融危机后美国和欧盟立法前评估改革探讨"，载《政法论坛》2012 年第 5 期。
❷ 席涛："立法评估：评估什么和如何评估（下）——以中国立法评估为例"，载《政法论坛》2012 年第 9 期。
❸ 席涛：《立法评估：评估什么和如何评估——美国、欧盟和 OECD 法律法规和指引》，中国政法大学出版社 2012 年版。
❹ 唐莹莹、李锦："立法影响评估的程序设计与方法研究"，载《北京人大》2012 年第 11 期。
❺ 王锡明："立法前评估是提高立法质量的积极举措"，载《人大研究》2012 年第 11 期。
❻ 郑宁：《行政立法评估制度研究》，中国政法大学出版社 2013 年版。
❼ 俞荣根：《地方立法质量评价指标体系研究》，法律出版社 2013 年版。
❽ 易有禄："税收立法前评估：评估什么和如何评估"，载《税务研究》2014 年第 9 期。
❾ 忤琼：《立法前评估标准研究》，北京：中央民族大学 2016 年硕士学位论文。
❿ 张莹：《立法前评估指标体系的构建》，山西大学 2016 年硕士学位论文。
⓫ 许虹：《美国立法前评估制度研究》，山西大学 2017 年硕士学位论文。
⓬ 夏正林、王胜坤、林木明：《地方立法评估制度研究》，法律出版社 2017 年版。

胜坤、林木明，2017）；《欧盟立法前评估制度研究》[1]（白艳芳，2017）；《立法前评估对象研究》[2]（王静，2018）；《立法前评估制度研究》[3]（王胜坤，2019）；《立法前评估主体制度研究》[4]（杨越，2019）；《我国地方立法前评估机制研究》[5]（刘怡枫，2019）；《设区的市立法前评估指标体系研究》[6]（李晶蕊，2019）；《地方立法前评估——以评估的指标为视角》[7]（赵嘉廷，2019年）；《第三方立法前评估的制度设置与具体实施》[8]（刘风景，2019）；《山西省设区的市构建地方立法前评估机制探析》[9]（徐鹏飞、赵莉莉、张钦，2019）；《地方立法权扩容背景下律师参与立法前评估问题研究》[10]（王刚，2019）；《立法前评估概念阐释》[11]（王新鹏，2019）；《我国地方立法前评估问题研究》[12]

---

[1] 白艳芳：《欧盟立法前评估制度研究》，山西大学2017年硕士学位论文。
[2] 王静：《立法前评估对象研究》，山西大学2018年硕士学位论文。
[3] 王胜坤：《立法前评估制度研究》，华南理工大学2019年硕士学位论文。
[4] 杨越：《立法前评估主体制度研究》，山西大学2019年硕士学位论文。
[5] 刘怡枫：《我国地方立法前评估机制研究》，广西大学2019年硕士学位论文。
[6] 李晶蕊：《设区的市立法前评估指标体系研究》，华中科技大学2019年硕士学位论文。
[7] 赵嘉廷：《地方立法前评估——以评估的指标为视角》，兰州大学2019年硕士学位论文。
[8] 刘风景："第三方立法前评估的制度设置与具体实施"，载《江汉论坛》2019年第8期。
[9] 徐鹏飞、赵莉莉、张钦："山西省设区的市构建地方立法前评估机制探析"，载《中共山西省委党校学报》2019年第4期。
[10] 王刚："地方立法权扩容背景下律师参与立法前评估问题研究"，载《大连干部学刊》2019年第5期。
[11] 王新鹏："立法前评估概念阐释"，载《广西政法管理干部学院学报》2019年第1期。
[12] 剧琛颖：《我国地方立法前评估问题研究》，河北大学2020年硕士学位论文。

第二章 税收立法前评估的一般理论

（剧琛颖，2020）；《地方立法前评估制度研究——以评估规则为重心》❶（欧荣凯，2020）；《立法前评估报告的回应机制构建》❷（田超，2020）；《立法权扩容背景下地方立法前评估的必要性及其评估》❸（叶继林，2020）；《生态环境保护地方立法前评估机制探索——以福州三江口湿地立法前评估为样本》❹（张富利、袁镇，2020）；《地方立法前评估：评估什么和如何评估》❺（魏玲、马艳君，2020）。

现有研究除介绍国外立法前评估的理论与实践外，也从我国立法前评估的实践出发，对立法前评估的概念、主体、对象、内容、指标、程序、方法等进行了初步的探讨，系统性的论述除少数几部专著外，大多数为博硕学位论文。在税收立法前评估方面，除笔者本人曾就税收立法前评估的概念、内容及方法等问题撰文并发表外，迄今未见有其他专门的著述。

由上可见，国内学界对立法前评估的研究时间不长，研究成果也不多，尤其是有关税收立法前评估的研究更显薄弱。但现有研究成果无疑也为进一步研究和开展税收立法前评估的实践，奠定了一定的理论基础。

---

❶ 欧荣凯：《地方立法前评估制度研究——以评估规则为重心》，四川省社会科学院 2020 年硕士学位论文。
❷ 田超：《立法前评估报告的回应机制构建》，山西大学 2020 年硕士学位论文。
❸ 叶继林："立法权扩容背景下地方立法前评估的必要性及其评估"，载《萍乡学院学报》2020 年第 5 期。
❹ 张富利、袁镇："生态环境保护地方立法前评估机制探索——以福州三江口湿地立法前评估为样本"，载《北京科技大学学报》（社会科学版），2020 年第 3 期。
❺ 魏玲、马艳君："地方立法前评估：评估什么和如何评估"，载《人大研究》2020 年第 4 期。

第三章 税收立法前评估的主体和对象

第一节 税收立法前评估的主体

一、税收立法前评估主体的概念

税收立法前评估的主体,是指税收立法前评估活动的参加者,一般包括决策主体、实施主体和参与主体。在这些主体的相互作用之下,税收立法前评估活动才得以顺利启动、展开和推进。这些主体的模式选择和职能配置在很大程度上决定了税收立法前评估的实际效果。因此,研究评估主体对于税收立法前评估而言,不但具有理论上的意义,更具有实践上的价值。

税收立法前评估的决策主体,即作出税收立法前评估决策的主体。因为税收立法前评估决策主体的主要职能是行使决策权,而在税收立法前评估活动中一般只有国家机关或其内部机构才享有此种决策权,所以,税收立法前评估的决策主体一般也应当是享有决策权的国家机关或其内部机构。

税收立法前评估的实施主体,即根据税收立法前评估决策主体的决策,具体组织和开展税收立法前评估活动并向决策者提交评估结果的组织。与税收立法前评估决策主体一般应当是国家机关或其内部机构有所不同，税收立法前评估的实施主体，既可以是国家机关或其内部机构，也可以是有评估条件和评估能力的社会组织，如科研机构、高等院校、社会中介机构等。

税收立法前评估的参与主体，即评估决策主体和评估实施主体之外的，在参与税收立法前评估过程中，对评估活动及其结果产生一定影响的组织或个人。作为立法前评估活动的参与者，税收立法前评估的参与主体，在范围上既可以是国家机关及其内部机构，也可以是社会组织，还可以是个人。

二、税收立法前评估主体的类型

税收立法前评估的主体可以从不同的角度划分为不同的类型，前述决策主体、实施主体和参与主体的划分，就是根据税收立法前评估的参加者在评估活动中的地位、职能或作用的不同，所作的一种分类。除此以外，还可以根据评估主体性质和身份的不同，将税收立法前评估的主体分为内部评估主体和外部评估主体。

（一）内部评估主体

税收立法前评估的内部评估主体，即以国家机关或其内部机构的身份参加税收立法前评估活动的主体。此类评估主体在性质上属于国家机关或其内部机构，其参加税收立法前评估活动，往往也是基于其作为国家机关或其内部机构的特定身份。如前文所述，税收立法前评估的决策主体一般应当是国家机关或其内部机构，因此，属于内部评估主体；税收立法前评估的实施主体，既可以是国家机关或其内部机构，也可以是社会组织，因此，其可能属于内部评估主体,也有可能属于外部评估主体;税收立法前评估的参与主体,同样既有可能是内部评估主体,也有可能是外部评估主体。具体而言,税收立法前评估的内部评估主体主要有以下两类。

1. 立法机关及其内部机构

立法机关及其内部机构作为税收立法前评估的内部评估主体,一般是承担决策职能或者实施职能,而且前者主要是承担决策职能,后者主要承担实施职能。例如,根据税收法定原则的要求和我国《立法法》的规定,在我国,税种的设立、税率的确定和税收征收管理等税收基本制度只能由全国人大或者全国人大常委会制定法律予以规定。全国人大或者全国人大常委会在制定税收法律的过程中,如果要开展立法前评估,决策主体一般为全国人大或者全国人大常委会,而实施主体则为全国人大的内部机构(如宪法和法律委员会、财政经济委员会)或者全国人大常委会的内部机构(如法制工作委员会、预算工作委员会)。考虑到全国人大只在会议期间开展工作,而且提交给全国人大审议的立法议案,均要先由全国人大常委会进行审议,所以,实际上全国人大及其内部机构都不太可能作为税收立法前评估的主体,在税收法律的立法前评估中,全国人大常委会及其内部机构是最主要的评估主体,特别是当某项税收法律的立法议案已正式向全国人大常委会提出的情况下更是如此。地方立法机关在制定税收法规过程中的立法前评估,也是大抵如此。

2. 行政机关及其内部机构

行政机关及其内部机构作为税收立法前评估的内部评估主体,承担的具体职能要视其在税收立法过程中的地位而定。当行政机关及其内部机构作为税收法律、法规的起草单位或部门时,在立法机关组织的税收立法前评估中,行政机关及其内部机构一般应作为参与主体参加评估活动;❶ 当然,行政机关及其内部机构在税收法律、法规的起草阶段也可以自己组织立法前评估,此时其承担的则为立法前评估的决策者或者实施者的职能。例如,财政部在起草税收法律草案时,就可以开展立法前评估活动,此时财政部为决策主体,其内部机构为实施主体。当行政机关作为税收法规或规章的制定单位时,其主要承担的是决策职能,行政机关内部机构则主要承担实施职能。例如,国务院或者财政部在制定某项税收行政法规或者某项税收部门规章时,如果开展立法前评估活动,国务院或者财政部为决策主体,国务院的内部机构(如司法部)或者财政部的内部机构(如条法司)则为实施主体。

(二)外部评估主体

税收立法前评估的外部评估主体,即国家机关及其内部机构(国家机关系统)以外的评估主体。外部评估主体一般包括社会组织和社会公众。其中,社会组织一般有科研机构、高等院校、学术团体、行业协会、社会服务机构等,一般是受税收立法前评估决策主体的委托,以独立第三方评估机构的身份实施评估活动;社会公众则一般是以公民或者专家身份参与税收立法前评估的实施主体组织的评估活动。

如前文所述,税收立法前评估的实施主体,既可以是国家机关及其内部机构,也可以是社会组织。但从评估的专业性和中立

---

❶ 起草单位或部门作为参与主体参加立法机关组织的税收法律、法规的立法前评估活动,主要是对税收法律、法规的起草情况作出说明,而不是对税收法律、法规草案进行评价,之所以如此,是为了保证评估活动的中立性,即起草者和评价者应加以区隔,而不能既是起草者又是评价者。

性（特别是后者）要求的角度看，由独立的第三方评估机构作为税收立法前评估的实施主体，更应当成为我国税收立法前评估在实施主体的模式选择上的选项。从税收立法前评估的域外实践来看，独立第三方评估机构也是最主要的评估实施主体。

社会公众同样是税收立法前评估的重要的外部评估主体。无论是在国家机关及其内部机构组织实施的税收立法前评估中，还是在独立第三方机构组织实施的税收立法前评估中，社会公众都应当是非常重要的参与主体。社会公众以公民或者专家的身份参与税收立法前评估活动，既是评估的民主性和科学性之所需，更是因为税收立法大多和社会公众的切身利益息息相关。

（三）两类评估主体优劣势比较

税收立法前评估的内部评估主体和外部评估主体的评估活动，对于实现评估的目的都有一定的意义。就内部评估主体而言，其优势主要表现在：第一，在获取税收法律、法规制定和实施的第一手资料方面，比其他主体更为容易，从而使评估结论更加真实与可靠；第二，因其地位和影响力，使其作出的税收立法前评估报告和评估结论更容易得到评估决策者的重视和应用；第三，因其对税收法律、法规的制定与执行情况有着透彻、详尽的了解与认识，有效的内部评估能够为管理者提供必不可少的支持。[1] 然而，由于以下几个方面的因素，内部评估主体的评估活动也受到一定程度的质疑：第一，税收立法前评估的内部评估主体往往是税收法律、法规的制定主体或者起草主体，要求它们对自己的行为作出客观公正的评价并非易事，这是因为"评价往

---

[1] Evert Vedung, *Public Policy and Program Evaluation*, New Brunswick and London: Transaction Publishers, 1997, p. 117.

往意味着批评,对公共组织成员来说就是对他们能力的质疑,影响自己的声誉,因而评价往往夸大成绩,掩盖失误";❶第二,税收法律、法规的制定和起草大多涉及部门利益,出于维护部门利益的考虑,内部评估主体作出的评估报告和评估结论容易走向片面并带有浓厚的主观色彩;第三,税收立法前评估是一项复杂而细致的专门性工作,需要实际评估者掌握相关的理论知识并熟悉专门的方法与技术,内部评估主体的人员往往缺乏这方面的系统培训。

为弥补内部评估主体的劣势,在立法评估中很多国家注重外部评估主体及制度的构建。❷相对于内部评估主体而言,在税收立法前评估中外部评估主体的优势主要有:第一,因身处国家机关系统之外,身份地位较为中立,受评估对象及其他因素的限制也较少;第二,有一定的专业人员,拥有理论和专业技能上的优势;第三,正是由于前两方面的优势,使得其作出的评估报告和评估结论更加客观与中立。但是,外部评估主体的劣势也是非常明显的,例如,获取评估所需的第一手资料相对困难;评估的影响力和权威性不够;评估结论也不易受到重视和应用等。

正是由于内部评估主体和外部评估主体各具优势和劣势,因此,二者之间具有很强的互补性,这就要求在税收立法前评估中将内部评估和外部评估结合起来,实现评估主体的多元化,从而在发挥各自优势的同时,克服各自的劣势。

---

❶ 齐二石主编:《公共绩效管理与方法》,天津大学出版社2007年版,第90页。

❷ 汪全胜等:《立法后评估研究》,人民出版社2012年版,第62页。

三、税收立法前评估主体的模式

在立法评估中，不同的评估主体因其价值观、利益及立场的不同，对同一评估对象往往有着不同的感受与看法。正因如此，在立法评估实践中，各国也在探索各种不同的评估主体模式，以寻求立法评估的客观化效果。对于税收立法前评估而言，在评估主体的模式选择上，"利益相关者"、"独立第三方"和"公众参与"这三种评估主体模式，均不失为有参考意义的选项。

（一）"利益相关者"模式

"利益相关者"一词最初使用于公司治理领域，是指那些没有其支持，组织就无法生存的群体，包括股东、雇员、顾客、供货商、债权人和社会等。[1] 根据一些学者的考察，利益相关者理论产生的基本逻辑与公司制度产生的时间相同，但直接的动因则是公司治理理论的变革。[2] 传统的公司治理理论认为，公司的目标就是追求股东利润的最大化，其任何行为的唯一经济理由就是股东价值最大化，获得授权的经理人员只有按照股东的利益行使控制权才是公司有效治理的保证。但这种理论在 20 世纪中叶受到冲击，继之兴起的是"利益相关者"理论。该理论的核心观点是公司经营除考虑股东利益外，还要考虑利益相关者的利益。将其作为一种方法并运用于公司战略管理中，是美国学者在 20

---

[1] 刘丹：《利益相关者与公司治理法律制度研究》，中国人民公安大学出版社 2005 年版，第 38 页。

[2] ［英］大卫·威勒、［芬］玛利亚·西兰琶著，张丽华译：《利益相关者公司》，经济管理出版社 2002 年版，第 96 页。

第三章　税收立法前评估的主体和对象

世纪 80 年代所做的尝试。❶

最早将"利益相关者"方法运用于政府政策评估的是瑞典学者韦唐（Vedung E.），他在其专著《公共政策与项目评估》（*Public Policy and Program Evaluation*）中探讨了政策评估的利益相关者模式，即"从利益相关者角度出发评价政策的影响与合理性，倾听被政策影响和可能影响政策的社会成员的不同意见，通过权衡多方利益，提出各方都满意的政策，最大限度地回应公民诉求，使得政策制定更加科学、民主，顺应了行政民主的政府管理新态势"。❷

正如有学者所言，"与其说立法是一种专门的技术工作，毋宁说它是一种重大的社会抉择，是关于社会基本价值选择、社会中相互冲突的诸利益协调的重要活动"。❸ 也有学者指出，立法活动作为法律制度形成的重要环节，其重要功能在于："在利益集团表达了自己的利益要求后，通过复杂的利益聚集和利益综合的分析过程，来反映各种利益要求和愿望，并把各种利益要求和愿望通过一定的政治结构、层次和程序转变为重大的政策选择。"❹ 因此，立法过程在本质上是一个利益选择和协调的过程。虽然立法针对的是不特定的对象，但经由立法活动形成的法，其实施则会对特定的主体的利益产生影响。故而，可以将这些利益受立法及法的实施影响的主体，称为立法的"利益相关者"。而

---

❶ R. Edward Freeman. Strategic Management: A Stakeholder Approach, Pitman Publishing Inc. 1984.

❷ 转引自汪全胜等：《立法后评估研究》，人民出版社 2012 年版，第 72 页。

❸ 朱力宇、张曙光主编：《立法学》（第三版），中国人民大学出版社 2009 年版，第 76 页。

❹ 张江河：《论利益与政治》，北京大学出版社 2002 年版，第 68-69 页。

税收立法前评估中的"利益相关者"则是指能够影响税收立法和立法前评估或受税收立法和立法前评估影响的主体。

将"利益相关者"理论与方法运用于税收立法前评估主体的模式选择，其意义主要在于：为保证税收立法兼顾各方利益、回应各方诉求，使得税收法律、法规制定更加科学、合理、民主，在税收立法前评估中应当尽可能地让税收立法的"利益相关者"以相应的身份参加立法前评估活动。这就需要明确界定税收立法前评估中"利益相关者"的范围。根据上述税收立法前评估中"利益相关者"的概念，笔者认为，税收立法前评估中的"利益相关者"主要包括以下主体：（1）立法机关；（2）行政机关；（3）司法机关；（4）监察机关；（5）评估主体；（6）社会公众；（7）纳税义务人。其中，立法机关、行政机关、纳税义务人等一般为直接利益相关者，司法机关、监察机关、社会公众一般为间接利益相关者。

税收立法前评估的利益相关者模式虽然有助于实现税收立法前评估科学性、合理性及民主性，但其自身也存在一定的局限：第一，利益相关者模式无法解决所有利益相关者的利益加总问题；第二，不同利益相关者的利益具有竞争性，在评估意见不同时，这些意见无法提供明确的价值选择；第三，利益相关者的价值具有不可计量性；第四，利益相关者模式无法解决第三方评估主体的相对独立性问题。

（二）"独立第三方"模式

在我国已经开展的立法前评估实践中，除少数地方立法前评估由立法机关委托国家机关系统以外的评估主体开展评估外，多数立法前评估的实施主体为立法机关或者行政机关的内部机构。而立法机关和行政机关通常就是评估对象的制定主体或起草单位，由其内部机构作为评估实施主体开展立法前评估，难免有"内部人"评估的嫌疑，其评估结果的客观性和公正性容易受到质疑。因此，在税收立法前评估中，引入"独立第三方"评估主体模式无疑是一种有益的替代性方案。

对于何为独立第三方评估主体，有学者在公共政策评估研究领域进行了界定，指出，独立第三方评估主体是指正式进行评估的政策制定者与执行者以外的人员，包括受行政机构委托的研究机构、专业评估组织（包括大专院校和研究机构）、中介组织、舆论界、公众特别是利益相关者等多种评估主体。❶ 也有学者对立法后评估中的第三方评估主体作了界定，指出："立法后评估过程中的独立第三方评估主体是指有别于公共组织与私人组织的、对立法实施效果进行评估的非营利组织，它主要包括受立法机关委托的大学研究机构、专业评估组织，不包括立法机构、法律执行者以及由立法机构临时组织的、由立法机构主导控制的专家评估。"❷ 在参考这些概念界定的基础上，结合税收立法前评估自身的特点，笔者认为，税收立法前评估中的独立第三方评估主体，是指受国家机关或其内部机构委托对税收立法开展立法前评估并向委托方提交评估结果的社会组织，主要包括研究机构、高等院校、社会中介机构等。就其在税收立法前评估中的地位和自身的性质而言，独立第三方评估主体属于税收立法前评估的实施主体和外部主体。

如前文所述，内部评估主体虽然在评估信息的收集、评估的影响力等方面有明显的优势，但在其评估结果的客观性和公正性

---

❶ 程祥国、李志："刍议第三方评估政策对我国的启示"，载《行政与法》2006年第3期。

❷ 汪全胜等：《立法后评估研究》，人民出版社2012年版，第85页。

方面受到质疑。为此，很多国家在涉及公共政策和法律的评估中寻求建立独立第三方评估制度。独立第三方评估主体的最大优势就是评估结果的客观公正，因为它超然于法律制定与执行的公共部门之外，与法律没有直接的利益关系，在很大程度上更能保证客观公正地开展评估。此外，独立第三方评估主体还具备评估所需的专业技术人员，熟悉评估所涉的理论知识、专门方法和技术，并有一定评估实践经验的积累，从而能够保证评估的质量。就税收立法前评估的独立第三方评估主体而言，也应当着重于从中立性和专业性两方面来进行考量和选取。就独立第三方评估主体的专业性保证而言，国家机关或其内部机构在选择第三方评估主体时，应当委托从事税收（法律）研究的独立研究机构、高校财税院系及其内设的专门机构（中心、基地、研究所等）或者在税收（法律）服务领域有专业特长的社会中介机构（税务事务所、律师事务所等）。就独立第三方评估主体的中立性保证而言，与独立第三方评估制度比较成熟的国家有所不同的是，当前我国的独立第三方评估主体中，知名的专业评估机构还比较少，而研究机构、高等院校、社会中介机构等又与国家机关系统有着各种利益上的关联。因此，在税收立法前评估中，第三方评估主体的"中立性"仍然存在一定的局限，对此，笔者认为，应当通过引入"公众参与"模式来予以弥补。

（三）"公众参与"模式

税收法律、法规的立、改、废，大多与社会公众的切身利益息息相关，因此，公众本身就是税收立法中重要的"利益相关者"。在税收立法前评估过程中引入公众参与模式，让公众通过各种途径和形式参与评估活动，既是"人民主权"理论或原则的应有之义，更是汇集民意和提高评估质量之所需。在税收立法

第三章 税收立法前评估的主体和对象

前评估中广泛引入公众参与,其具体功能主要有以下五个方面。

一是表达功能。正如有学者所指出的,"公众参与为公众表达多元化的需求、价值和偏好提供了诉说和表达平台"。[1] 在税收立法前评估中,纳税义务人和非纳税义务人对于同一税收法律制度会有不同的价值偏好、感受及意见,让公众参与税收立法前评估活动,既为不同的公众表达其利益诉求、感受及意见提供了一个平台,也有助于立法机关和评估实施主体了解利益在不同群体中的分布状况和各自的利益诉求,从而决定如何选取最优方案以平衡各方利益。[2]

二是对话功能。通过公众参与税收立法前评估,也为不同公众提供了一个沟通和对话的平台,让公众在参与评估活动时有机会围绕评估对象展开交流、讨论(辩论)、协商。这有助于立法机关和评估实施主体对不同的意见、观点进行整合,使得税收立法前评估过程不仅是单纯的意见、观点的汇合,而且是在不同意见、观点交锋与碰撞之后的客观化和理性化评估结果的形成过程。

三是认同功能。税收立法前评估中的公众参与,有助于打破公众对税收立法过程的神秘感,提升公众对税收立法的认同与接受程度,降低税收立法的实施成本。通过参与其中,公众不仅能够在税收立法前评估过程中有效地表达意见、观点,与其他主体进行对话,还能加深对税收立法的认知,获得一种同社会的主流价值观或主流意识形态的认同感。公众对税收立法的认同度和接

---

[1] 王锡锌:《公众参与和行政过程——一个理念和制度分析的框架》,中国民主法制出版社2007年版,第59页。

[2] 郑宁:《行政立法评估制度研究》,中国政法大学出版社2013年版,第126页。

受度越高，税收立法的合法性和正当性基础也就越加深厚，从而有利于税收法律、法规的实施。

四是监督功能。公众参与税收立法前评估过程，对税收立法前评估的决策主体和实施主体也形成了一种有效的监督。尤其是在决策主体和实施主体存在诸多利益关联，特别是有时评估实施主体自身就是评估决策主体的内部机构的情况下，公众的这种监督作用的发挥，显得非常必要和重要。即便是税收立法前评估的实施主体为独立第三方评估机构，也应当强化和突出公众参与评估的此种监督。

五是学习功能。美国学者卡罗尔·佩特曼曾指出，经由参与过程的学习，"可以发展和培育这一制度所需要的品质，个人的参与越是深入，他们就越具有参与能力，参与制度就可以维持下去"。❶ 公众通过参与税收立法前评估过程，还可以获得民主生活的训练和税法意识的养成，锻造公民品格，培育公民精神，增强税法意识，并了解他人的行为立场和利益诉求，进而反思自我，寻求更多合作。

党的十九届四中全会通过的《中共中央关于坚持和完善中国特色社会主义制度 推进国家治理体系和治理能力现代化若干重大问题的决定》明确提出："坚持科学立法、民主立法、依法立法，完善党委领导、人大主导、政府依托、各方参与的立法工作格局，立改废释并举，不断提高立法质量和效率。"我国《立法法》第36条、第37条及第67条规定了法律和行政法规制定

---

❶ [美]卡罗尔·佩特曼著，陈尧译：《参与和民主理论》，上海世纪出版集团2006年版，第11页。

过程中的公民参与制度。❶ 其主要形式有座谈会、论证会、听证会等。税收立法前评估本身就是税收法律、法规制定过程中的一项重要工作，因此，这些形式也是我国公众参与税收立法前评估的基本形式。在税收立法前评估的启动、评估实施及评估结果应用等不同环节，相关组织者都应当通过上述方式征求公众意见，充分发挥公众参与的作用。

第二节 税收立法前评估的对象

一、税收立法前评估对象的概念

税收立法前评估的对象，是指税收立法前评估活动所指向的客体，因此，也可以称其为税收立法前评估的客体。评估对象是税收立法前评估的基本要素，没有确定的评估对象，税收立法前评估活动就会因为没有明确的目标指向而无从展开。

从一般意义上讲，税收立法前评估的对象和税收立法后评估的对象都是税收立法，但二者之间存在明显的差异：作为税收立法后评估对象的税收立法是已经生效并且实施了一定时间的税收立法，而作为税收立法前评估对象的税收立法则是尚未完成且正

---

❶《立法法》第36条规定："列入常务委员会会议议程的法律案，法律委员会、有关的专门委员会和常务委员会工作机构应当听取各方面的意见。听取意见可以采取座谈会、论证会、听证会等多种形式。"第37条规定："列入常务委员会会议议程的法律案，应当在常务委员会会议后将法律草案及其起草、修改的说明等向社会公布，征求意见，但是经委员长会议决定不公布的除外。向社会公布征求意见的时间一般不少于三十日。征求意见的情况应当向社会通报。"第67条规定："行政法规在起草过程中，应当广泛听取有关机关、组织、人民代表大会代表和社会公众的意见。听取意见可以采取座谈会、论证会、听证会等多种形式。"

在进行的税收立法；税收立法后评估的核心评估对象是税收规范性法律文件，而税收立法前评估的核心评估对象则是税收规范性法律文件的草案；税收立法后评估的评估对象不包括税收立法项目，而税收立法前评估的评估对象则包含税收立法项目；税收立法后评估侧重于对税收规范性法律文件的合法性、合理性及立法的成本效益与实施效果的评估；税收立法前评估则侧重于对税收规范性法律文件草案的合法性、合理性及立法的成本效益与预期影响的评估；税收立法后评估的对象可以是复合型的，也可以是单一型的，税收立法前评估的对象则一般是单一型的。❶

正是因为评估对象存在上述差异，从而使得税收立法前评估在评估主体、评估内容、评估程序、评估方法及评估结果的回应机制等方面，与税收立法后评估也存在诸多差异。因此，虽然我国立法后评估实践和相对成熟的立法后评估制度中的某些经验与做法，对于税收立法前评估有一定的借鉴意义，但并不完全适用。

二、税收立法前评估对象的类型

根据不同的标准，可以将税收立法前评估的对象划分为不同的类型。由于评估对象所属类型不同，税收立法前评估的内容、方法及侧重点也不同。这也正是对税收立法前评估对象进行类型

---

❶ 单一型评估对象的立法后评估，是指其评估对象为某个单一的规范性法律文件的立法后评估；复合型评估对象的立法后评估，是指其评估对象为两个及两个以上的规范性法律文件的立法后评估。前者为对某一单行法的评估，如对《食品安全法》的评估；后者则为对某一领域的两个及两个以上的规范性法律文件的评估，如对食品安全领域的《食品安全法》《产品质量法》《动物检疫法》《消费者权益保护法》《生猪屠宰管理条例》《农药生产管理条例》等法律、法规的评估。

第三章　税收立法前评估的主体和对象

化分析的主要原因所在。

（一）税收立法项目的评估和税收规范性法律文件草案的评估

根据评估对象所处阶段的不同，可以将税收立法前评估的对象划分为税收立法项目的评估和税收规范性法律文件草案的评估。

税收立法项目的评估，一般发生在立法选项阶段，主要评估某一税收立法的必要性和可行性，评估的主要目的是为五年立法规划或年度立法计划中税收立法项目的确定提供决策依据。例如，在编制《十三届全国人大常委会立法规划》时，《个人所得税法》（修改）❶、《增值税法》《消费税法》《资源税法》《房地产税法》《关税法》《城市维护建设税法》《耕地占用税法》❷《车辆购置税法》❸《契税法》《印花税法》《税收征收管理法》（修改）12部税收法律的制定或修改作为第一类立法项目列入立法规划，在这些税收立法项目列入全国人大常委会立法规划之前，就应当对其必要性和可行性开展立法前评估。

税收规范性法律文件草案的评估，一般发生在税收规范性法律文件草案文本形成后至交付制定主体表决之前这一期间，主要评估税收规范性法律文件草案文本的合法性与合理性，评估的主要目的是为税收规范性法律文件草案文本的修改完善提供决策依据。例如，在《房地产税法》的制定过程中，在充分开展调研

---

❶ 《个人所得税法》（修改）在编制《十三届全国人大常委会立法规划》时已获通过。

❷ 《耕地占用税法》在编制《十三届全国人大常委会立法规划》时已提请审议。

❸ 《车辆购置税法》在编制《十三届全国人大常委会立法规划》时已提请审议。

103

的基础上形成《房地产税法（草案）》文本之后至交付给全国人大常委会表决之前，《房地产税法》的起草部门（全国人大常委会预算工作委员会、财政部）和审议主体（全国人大常委会）均可组织开展对该法律草案文本的合法性与合理性的评估。

由于税收立法项目和税收规范性法律文件草案所对应的"税法"的内容和制定主体的地位及其立法权的来源和依据等方面的不同，税收立法项目的立法前评估和税收规范性法律文件草案的立法前评估各自又可据此进一步作以下的划分：（1）税收实体法的立法项目评估—规范性法律文件草案评估和税收程序法的立法项目—规范性法律文件草案评估；（2）中央税收立法的立法项目评估—规范性法律文件草案评估和地方税收立法的立法项目—规范性法律文件草案评估；（3）权力机关税收立法的立法项目评估—规范性法律文件草案评估和行政机关税收立法的立法项目—规范性法律文件草案评估；（4）职权性税收立法的立法项目评估—规范性法律文件草案评估和授权性税收立法的立法项目—规范性法律文件草案评估。

税收实体法的立法项目评估—规范性法律文件草案评估和税收程序法的立法项目—规范性法律文件草案评估，是以税收立法项目和税收规范性法律文件草案所对应的"税法"的内容和价值取向的不同所作的划分。税收实体法的立法项目评估和规范性法律文件草案评估，即以税收实体法的立法项目和规范性法律文件草案为评估对象的税收立法前评估；税收程序法的立法项目评估和规范性法律文件草案评估，即以税收程序法的立法项目和规范性法律文件草案为评估对象的税收立法前评估。税收实体法是指规定税收法律关系主体权利和义务（职权和职责），以追求实体正义为主要内容的法律规范的总称，如《个人所得税法》《企业所得税法》《车船税法》《环境保护税法》《船舶吨税法》《车辆购置税法》《耕地占用税法》《增值税暂行条例》《消费税暂行条例》等税种法税收法律、行政法规；税收程序法是规定保障税收法律关系主体的权利义务的实现或保证职权和职责得以履行所需的程序，以追求程序正义为主要内容的法律规范的总称，如《税收征收管理法》《税收管理法实施细则》等税收征收管理法律、行政法规。

中央税收立法的立法项目评估—规范性法律文件草案评估和地方税收立法的立法项目—规范性法律文件草案评估，是以税收立法项目和税收规范性法律文件草案所对应的"税法"制定主体的地位的不同所作的划分。中央税收立法的立法项目评估和规范性法律文件草案评估，即以中央税收立法的立法项目和规范性法律文件草案为评估对象的立法前评估；地方税收立法的立法项目评估和规范性法律文件草案评估，即以地方税收立法的立法项目和规范性法律文件草案为评估对象的立法前评估。中央税收立法，在我国是指全国人大及其常委会制定的税收法律、国务院制定的税收行政法规及国务院各部、委员会、中国人民银行、审计署和具有行政管理职能的直属机构制定的税收部门规章；地方税收立法，在我国是指省、自治区、直辖市和设区的市的人大及其常委会制定的税收地方性法规和省、自治区、直辖市和设区的市的人民政府制定的税收地方政府规章以及民族自治地方的人大制定的税收单行条例和经济特区所在地的省、市的人大及其常委会制定的税收法规。

权力机关税收立法的立法项目评估—规范性法律文件草案评估和行政机关税收立法的立法项目—规范性法律文件草案评估，是以税收立法项目和税收规范性法律文件草案所对应的"税法"

制定主体的性质与特点所作的划分。权力机关税收立法的立法项目评估和规范性法律文件草案评估，即以权力机关制定的税收立法的立法项目和规范性法律文件草案为评估对象的立法前评估；行政机关税收立法的立法项目评估和规范性法律文件草案评估，即以行政机关制定的税收立法的立法项目和规范性法律文件草案为评估对象的立法前评估。权力机关制定的税收立法，在我国是指全国人大及其常委会制定的税收法律和享有立法权的地方人大及其常委会制定的税收地方立法（包括省、自治区、直辖市、设区的市的人大及其常委会制定的税收地方性法规，民族自治地方的人大制定的税收单行条例，以及经济特区所在地的省、市的人大及其常委会制定的税收法规）；行政机关制定的税收立法，在我国是指国务院制定的税收行政法规和国务院各部、委员会、中国人民银行、审计署和具有行政管理职能的直属机构制定的税收部门规章以及省、自治区、直辖市和设区的市的人民政府制定的税收地方政府规章。

职权性税收立法的立法项目评估—规范性法律文件草案评估和授权性税收立法的立法项目—规范性法律文件草案评估，是以税收立法项目和税收规范性法律文件草案所对应的"税法"制定主体的立法权的来源和依据的不同所作的划分。职权性税收立法的立法项目评估和规范性法律文件草案评估，即以职权性的税收立法的立法项目和规范性法律文件草案为评估对象的立法前评估；授权性税收立法的立法项目评估和规范性法律文件草案评估，即以授权性税收立法的立法项目和规范性法律文件草案为评估对象的立法前评估。职权性税收立法，是指其制定主体的立法权直接来源于宪法、立法法、组织法关于其立法职权的具体规定的税收立法。例如，根据《立法法》第 8 条的规定，税种的设立、税率的确定和税收征收管理等税收基本制度只能由全国人大及其常委会制定法律予以规定，全国人大及其常委会据此制定的《个人所得税法》《企业所得税法》《车船税法》《环境保护税法》《船舶吨税法》《车辆购置税法》《耕地占用税法》《税收征收管理法》就是职权性税收立法。授权性税收立法，是指其制定主体的立法权并非直接来源于自身的职权，而是来源于授权机关或者特定法律的授权的税收立法。例如，《立法法》第9条规定："本法第八条规定的事项尚未制定法律的，全国人民代表大会及其常务委员会有权作出决定，授权国务院可以根据实际需要，对其中的部分事项先制定行政法规，但是有关犯罪和刑罚、对公民政治权利的剥夺和限制人身自由的强制措施和处罚、司法制度等事项除外。"以该规定为依据，国务院根据全国人大常委会的授权制定的《增值税暂行条例》《消费税暂行条例》就属于授权性税收立法。

（二）税收立法的成本效益评估和税收立法的预期影响评估

税收立法前评估的对象除税收立法项目和税收规范性法律文件草案外，还包括税收立法的成本效益和税收立法的预期影响。其中，税收立法的成本效益和税收立法的预期影响反映了税收立法前评估对象在内容上的差异。

税收立法的成本效益评估，是指通过对税收立法的成本和税收立法的收益之间的比较来评价税收立法是否有效益。其中，税收立法的成本是指税收立法过程中的全部费用的支出，一般由以下几个方面的成本构成：（1）支付税收立法机关运转及其工作人员的全部费用；（2）收集税收立法信息、立法资料及形成税收规范性法律文件草案文本的费用；（3）完善税收规范性法律文件草案文本的费用；（4）制作税收规范性法律文件文本的费用；（5）公布与传播税收规范性法律文件的费用；（6）税收立法的机会成本。❶ 税收立法的收益，是指通过税收立法活动所获得的立法成果和税收立法制定出来后，经由税收立法的实施在社会上所产生的有益效果。前者可以称为税收立法的直接收益，后者可以称为税收立法的间接收益。

税收立法的预期影响评估，是指对税收立法制定出来后对不同主体的行为和对经济、政治、环境、社会等领域的预期影响的评估。其中，税收立法对不同主体的行为的影响可称为税收立法的微观影响，如我国"营改增"税制改革的立法对不同类型企业的市场行为的影响；税收立法对经济、政治、环境、社会等领域的影响则为宏观影响，如我国"营改增"（营业税改增值税）税制改革的立法对经济、政治形势的影响，对生态环境的影响，以及对社会福利的影响。在税收立法前评估中，对税收立法的预期影响评估主要是围绕税收立法中的主要制度而进行的。

税收立法的成本效益评估和预期影响评估虽然是对税收立法的立法收益和影响所进行的一种预测性的评估，但对税收立法收益和影响的预测对于立法机关作出更为科学合理的立法决策，提高税收立法的实效，及时发现和防控税收立法所可能产生的风险具有重要作用。因此，二者同样应作为税收立法前评估的重要评估对象。

---

❶ 立法的机会成本，也叫立法的比较成本或选择成本。美国经济分析法学的代表人物波斯纳在《法律的经济分析》一书中对其进行了界定，指出："不同的法律方案实现人们既定目标的程度有所不同，但在特定的时空领域人们又只能选择其中一种而放弃其他。诸如对某种社会关系是否运用法律手段进行调整，选择何种法律规范，不同选择之间的效益差别和得失就构成了法律（立法）的机会成本（opportunity cost），也叫选择成本。" Posner: *Economic Analysis of the Law*, Little Brown and company, 1986, p. 6.

三、税收立法前评估对象的选择

从理论上讲，任何立法项目和规范性法律文件草案都可以成为税收立法前评估的对象。但实践中，并非所有立法项目和规范性法律文件草案都能进入立法前评估决策主体的视野。就已经开展的立法前评估而言，作为其评估对象的立法项目和规范性法律文件草案也只是众多立法项目和规范性法律文件草案中的极少数。之所以如此，其中既有评估资源和评估能力有限的原因，也有立法项目和规范性法律文件草案自身的可评估性的原因。因此，对于税收立法前评估而言，对其评估对象也存在选择的问题，即什么样的税收立法项目和税收规范性法律文件草案适合作为税收立法前评估的对象以及如何选择合适的税收立法前评估对象。

（一）评估对象选择的"可评估理论"

"可评估理论"本身并非立法评估对象的选择理论，而是政策评估的选择理论，是政策评估理论和实践发展到一定阶段之后，人们对政策评估目的的有效性进行反思的结果，但其对立法评估对象的选择有较大的借鉴意义。

政策评估的目的是改进政策。早期的政策评估形成了一套分析工具与评估方法，但评估结果却没有实现这一目的，要么是政策评估与政策改进并无关系，要么是政策评估结果被低效率地使用。此种状况引起了一些政策分析学者的重视和反思。1975年，美国学者尼尔森的《评估为什么无法改善政策效能？》一文在《政策研究季刊》公开发表，对该问题进行讨论。1976年，胡雷的《评估与评估者在改进公共项目中的角色》一文在《公共管理评论》上公开发表,该文对美国早期的政策评估理论和实践进行反思,提出"可评估理论"。他认为,早期的政策评估存在六大弊端:(1)评估活动不对政策形成支持;(2)评估的时间、方式与准确性与使用者的需求不相吻合;(3)评估者很少与决策者沟通;(4)缺乏相同政策的不同评估比较;(5)缺乏评估的累积资料;(6)评估经常处理没有答案或不需要答案的问题,以至于使得评估没有实际成效。❶ 胡雷指出,要克服上述弊端,评估者必须先对政策进行"可评估性分析",并通过"可评估性确定报告"实现评估者和执行机构的沟通,在得到评估结果使用者的反馈后,再确定政策评估的步骤。❷

对于如何确定政策的可评估性,有学者从以下十一个方面作了回应:(1)选择政策执行与社会变化存在明显因果关系的政策;(2)选择政策直接影响比间接影响更为主要也更为显著的政策;(3)选择短期效益具有价值的政策;(4)选择具有代表性的政策;(5)选择运作充分、执行信息资料丰富的政策;(6)选择高成本、高效益的政策;(7)选择政策绩效产生的原因明显且易于说明的政策;(8)在政策执行中所做的工作不能明确判断时,要避免进行绩效评估,因为这很难说明执行过程与绩效的密切关系;(9)选择有关人员,主要是政策决策者和政策执行者支持的评估;(10)选择有经费资助的评估;(11)借

---

❶ Joseph S. Wholey, "The Role of Evaluation and Evaluator in Improving Public Program: The bad News, The Good News, and A Bicentennial Challenge", *Public Administration Review*, Vol. 36, No. 6, 1976, pp. 679–682.

❷ Joseph S. Wholey, Evaluability Assesment, in L. Rutman ed: *Evaluation Research Methods: A Basic Guide*, London, Saga, 1977, p. 48.

第三章 税收立法前评估的主体和对象

助社会力量进行评估。[1]

"可评估理论"对于税收立法前评估对象的选择而言,其借鉴意义主要有二:其一是并非所有税收立法项目和税收规范性法律文件草案都具有"可评估性"并适合作为评估对象;其二是为提高税收立法前评估对象的"可评估性",应重视税收立法项目和税收规范性法律文件草案的选择并运用特定的选择方法。

(二)税收立法前评估对象的选择

结合我国立法前评估实践中评估对象选择的实践,借鉴西方国家政策评估领域学者提出的"可评估理论",笔者认为,税收立法前评估对象的选择应当坚持有效性和可行性两项标准。以下分别对这两项标准予以分析。

1. 有效性标准

税收立法前评估对象选择的有效性,是指税收立法前评估选择的对象应当有助于评估目的的实现,即有助于通过对选择的评估对象的评估达到一定的评估目的。

对税收立法项目开展评估,主要目的是在税收立法项目正式立项之前,通过评估明确税收立法项目立项的必要性和立项以后税收立法项目落实的可行性,从而为税收立法的选项和进度安排提供决策依据。税收立法项目立项的必要性,主要体现在经济社会发展和经济社会调节对某一税收立法的需求程度。因此,在税收立法项目作为评估对象的选择上,应当倾向于选择那些对经济社会发展和经济社会调节影响更为明显、更为直接和更为显著的税收立法项目。尤其是那些各方面对其立项的必要性和立项后落

---

[1] B. Bozeman & J. Massey, "Investing in Public Evaluation: Some Guidelines for Skeptical Public Management", *PAR*, Vol. 42, No. 3, 1982, p. 266.

实的可行性存在很大争议的税收立法项目，其评估的有效性一般也很强，更应当成为税收立法前评估对象选择中的首选项目。

对税收规范性法律文件草案开展评估，主要目的是在草案正式交付表决前，通过评估草案文本的合法性与合理性，从而为税收规范性法律文件草案文本的修改完善提供决策依据。因此，在选择税收规范性法律文件草案作为税收立法前评估的对象时，除考虑其主要制度的微观影响和宏观影响外，还要考虑其是否可能存在与上位法相抵触的情形，以及在实质合理性与形式合理性方面，税收规范性法律文件草案文本是否可能存在问题。一般而言，在合法性与合理性方面存在问题可能性越大的税收规范性法律文件草案，也就越应当成为税收立法前评估的对象。

2. 可行性标准

税收立法前评估对象选择的可行性，是指税收立法前评估选择的对象应当是可以评估的。有学者对政策评估选择对象的可评估性进行了归纳：一是政治可行性；二是经济可行性；三是行政可行性；四是法律可行性；五是技术可行性；六是社会可行性。对于税收立法前评估对象选择的可行性而言，主要包括评估时机、评估条件及评估制度三个方面的可行性。

（1）评估时机业已成熟。

评估时机业已成熟，对于税收立法前评估对象选择的可行性而言，主要是指某项税收立法的立、改、废已经进入相关立法主体考虑的范围，存在开展立项、起草、审议等进一步工作的可能性。如果某项税收立法虽然有一定的立法需求，也有相关主体提出立法建议，但并没有进入相关立法主体考虑的范围，并不存在开展立项、起草、审议等进一步工作的可能性，那就意味着评估时机尚不成熟。

第三章 税收立法前评估的主体和对象

（2）评估条件已经具备。

任何立法评估活动的开展都需要人力、财力的投入和相关方面的支持与配合，税收立法前评估亦是如此。人力，即需要有熟悉立法技术、掌握评估方法的专业人员；财力，即要有评估所需经费的保障；相关方面的支持与配合，即评估活动要能够得到相关部门、社会组织与公众的支持与配合。这三个方面的条件，哪一方面有所欠缺，都难以保障税收立法前评估活动顺利开展。

（3）评估制度已有保障。

2015年修改后的《立法法》、2017年修订的《行政法规制定程序条例》和《规章制定程序条例》及各省、自治区、直辖市、设区的市的《立法条例》和立法评估方面的工作规定、办法、制度等关于立法前评估的规定，为税收立法前评估活动的开展提供了一定的制度支持与保障。特别是原国务院法制办和各省、自治区、直辖市原法制办对于政府主管部门起草的法律、法规草案提出了在提交给国务院常务会议和省、自治区、直辖市政府常务会议讨论前就必须对法律、法规草案开展先行评估的硬性要求，更是为起草阶段的税收立法前评估活动的开展提供了制度支持与保障。为实现税收立法前评估的规范化、制度化、程序化，国家和地方财政税收主管部门还应当制定专门的税收立法前评估的制度规范。

第四章 税收立法前评估的内容和标准

第一节 税收立法前评估的内容

一、税收立法前评估内容概述

当前国内立法前评估理论上虽然都将立法项目的必要性、可行性、立法的成本与效益以及立法的预期影响等纳入立法前评估的范畴,但在具体内容和强调的重点上有所不同。主要有以下观点:(1)立法前评估主要是通过对立法的必要性、可能性、技术方案、制定条件进行分析以及对立法未来的社会效果进行预测,论证其是否可行;[1] (2)立法前评估主要是借助成本效益分析等手段,预先评估法律条款实施后对本地区公民、政府和社会的效用和影响;(3)立法前评估主要评估立法的必要性、可行性、合法性、影响性及立法的成本与效益;[2] (4)立法前评估主

---

[1] 汪全胜等:《立法后评估研究》,人民出版社2012年版,第20页。
[2] 俞荣根:"地方立法前质量评价指标体系研究",载《法治研究》2013年第5期。

要是对立法项目的必要性、可行性和主要制度的科学性、可操作性以及实施的预期效果和影响等进行评估；（5）立法前评估主要是对立法所要达到的目标、所要具体规范的内容的必要性和可行性以及对社会和公众的影响等所进行的评估。

税收立法前评估内容的确定对于税收立法前评估工作的顺利开展和评估目标的实现至关重要。这是因为开展税收立法前评估工作，首先就必须解决"评估什么"的问题。如果连评估内容都不明确，评估工作也就难以顺利开展。而评估内容的确定是否全面与合理又将进一步影响具体评估指标的设计和评估指标体系的构建，进而影响评估目标的实现。笔者认为，在税收立法前评估工作中，评估内容的确定主要取决于评估对象的选择和所欲实现的评估目标。具体而言，针对税收立法项目选项的评估主要是评估其必要性和可行性，针对税收规范性法律文件草案（以下简称"税收法律草案"）的评估主要是评估法律草案内容与形式上的合法性和合理性，针对税收立法预期效果和影响的评估主要是立法的成本效益评估和影响评估。因此，本节所讨论的税收立法前评估的内容总体上包括以上几个方面的内容。

二、税收立法项目的必要性与可行性评估

税收立法项目的必要性与可行性评估即对制定或修改某件税收法律的必要性与可行性进行事前评估，其所要解决的是某件税收法律的制定或修改应否进行的问题。在税收立法过程的立项阶段就应当对立法项目的必要性与可行性开展评估，并根据评估结果作出是否予以立项的立法决策。也就是说，只有具备必要性与可行性的税收立法项目方能予以立项，并按照立法工作的整体安排开展后续立法活动（如起草法案），否则就应不予立项或暂缓

立项,后续的立法活动也没必要进行。立法项目的必要性与可行性评估在税收立法前评估中主要起着"淘汰"作用,即在立项阶段就通过事前评估将那些不具备必要性和可行性的税收立法项目排除在立法规划或立法计划之外,从源头上控制立法成本,以达到节约立法资源的目的。

(一) 税收立法项目的必要性评估

立法的必要性即存在立法的社会需求,因此,评估税收立法项目的必要性,应该主要围绕特定税收法律的制定或修改与相应社会需求之间的满足和被满足关系来进行。就税收法律的制定而言,首先要明确制定该税收法律能满足哪些社会需求,然后再看相应的需求是否有必要以及能够在多大程度上通过立法来实现。以《房地产税法》的制定为例,在评估其立法的必要性时就至少应当考虑房地产市场调控、财政收入、税制改革、社会分配体制改革等方面的立法需求和这些立法需求在当前有无必要以及在多大程度上能够通过制定《房地产税法》来实现。其次应看立法需求的普遍性与迫切性程度如何及现有相关立法(如果有的话)满足相应立法需求的状况如何,需求的普遍性与迫切性程度越高,立法的必要性也越强。

就税收法律的修改而言,其必要性主要体现在原有税收法律实施的客观社会情势发生了较大变化从而影响到其适应性。因此,评估修改类税收立法项目的必要性,应当主要围绕客观社会情势的变化程度及其对原有税收法律的适应性的影响程度来进行。以《个人所得税法》的修改为例,经济社会发展程度、社会消费结构与水平及个人收入结构与水平等因素的变化和个人所得税的征税范围、免征额或起征点、税收减免及税率的确定联系密切,故评估《个人所得税法》修改的必要性,就应当侧重考

第四章 税收立法前评估的内容和标准

虑这些变量的变化程度及其对《个人所得税法》的适应性的影响程度。一般而言，相关变量的变化程度和影响程度越高，即表明修改的必要性越强。

(二) 税收立法项目的可行性评估

立法的可行性既指立法活动本身的可行性，也指所立之法的可行性。因此，就税收立法项目的可行性开展评估既要考察税收立法活动本身的可行性，也要考察所制定或修改的税收法律的可行性。❶ 就税收立法活动本身的可行性而言，其具体评估内容至少应当涵盖以下几个方面的情况：(1) 前期立法准备工作是否充分（如前期立法调研工作的开展情况）；(2) 是否有合适的起草机构和起草人员；(3) 后续的立法活动能否顺利进行（如能否得到相关部门的支持与配合及出现重大分歧时能否协调各方意见）；(4) 税收法律草案在提案机关内部获得通过的可能性大小；(5) 税收法律草案列入立法主体会议议程的可能性与进度。

就所制定或修改的税收法律的可行性而言，因立项阶段往往尚未形成完整的法律草案，因此对其可行性的评估应当主要围绕相应税收法律制定或修改后其实施在总体上所需要的政治、经济、社会条件和相应的机构、人员、技术条件是否具备来进行。落实到具体税收立法项目的可行性评估，还需要考虑关键的配套制度能否如期建立和顺利实施。例如，《房地产税法》实施的必备条件之一就是不动产权属状况的全面性和明确性，因此，建立全国统一的不动产登记和查询制度的可能性及其进度会影响《房地产税法》制定的进度并决定着其出台后的实施情况。那

---

❶ 所制定或修改的税收法律的可行性的评估也可以放在税收法律草案的"实质合理性"的评估当中来进行。

么，在《房地产税法》的立法项目可行性评估中就应当涵盖这一关键因素的内容。

三、税收法律草案的合法性与合理性评估

税收法律草案的合法性与合理性评估，即按照一定的标准对税收法律草案的内容和形式的合法性与合理性进行事前评估，其所要解决的是税收法律草案在内容和形式上是否合乎特定评价标准的问题。其中，税收法律草案的合法性评估主要是评价税收法律草案在内容和形式上是否符合《宪法》《立法法》及其他上位法的规定，也包括对特定税收事项立法主体是否具有相应立法权限的评价。税收法律草案的合理性评估包括实质合理性与形式合理性两个方面的评价。前者主要评价税收法律草案所确立的具体制度的公平性、科学性、可操作性及可行性，后者主要评价税收法律草案和相关现行法律的协调性及结构和用语上的规范性。由此可见，法律草案的合法性与合理性评估在税收立法前评估中主要起着"质检"作用，即在形成草案后交付表决前，对其质量进行"检测"，以确保和提高税收立法的质量。

（一）税收法律草案的合法性评估

税收法律草案的合法性评估中"合法性"一词中的"法"，是取其广义，包括宪法、法律、行政法规、地方性法规、规章等。就税收法律草案的合法性评估而言，是指被评估的税收法律草案对应的"税法"的所有上位法。以下主要对税收法律草案的"合宪性"与"合法律性"评估及"不与上位法相抵触"作相应分析。

1. 税收法律草案的合宪性评估

税收法律草案的合法性评估首先要评价其合宪性，即合宪性

是首要标准。在我国，所谓税收法律草案的"合宪性"，是指税收法律草案要合乎《宪法》和宪法性法律的规定、原则和精神，具体包括立法主体（或权限）的合宪性和立法内容的合宪性两个方面。立法主体（或权限）的合宪性，是指税收法律草案对应的"税法"的立法主体必须是《宪法》《立法法》及相关《组织法》规定的或者经有权机关特别授权的有税法立法权的主体，并且立法的事项必须属于立法主体立法职权事项范围内的事项。例如，根据税收法定原则的要求和《立法法》第 8 条的规定，税种的设立、税率的确定和税收征收管理等税收基本制度只能由全国人大及其常委会制定法律予以规定，全国人大及其常委会以外的其他国家机关（如国务院、财政部、国家税务总局等）如果没有全国人大或全国人大常委会的授权不能就上述事项立法。立法内容的合宪性，是指税收法律草案的内容必须符合《宪法》和宪法性法律的规定、原则和精神，不得有与之相背离、相冲突、相抵触的内容。例如，《宪法》第 56 条规定："中华人民共和国公民有依照法律纳税的义务。"该条规定虽然没有明确和直接地规定"税收法定原则"，但其中蕴含着"税收法定原则"的精神，因此，税收法律草案在内容上也不得违背该宪法精神。

2. 税收法律草案的合法律性评估

税收法律草案的合法性评估的第二项主要内容是"合法律性"评估。在我国，所谓税收法律草案的"合法律性"，是指税收法律草案除要合乎《宪法》及宪法性法律的规定、原则和精神外，还必须符合全国人大及其常委会制定的其他法律的规定，同样包括立法主体（或权限）的合法律性和立法内容的合法律性两个方面。例如，根据《行政处罚法》《行政许可法》《行政强制法》等法律的规定，只有特定的立法主体才有权设定相应类型的行政处罚、行政许可及行政强制措施，因此，在税收法律草案中涉及行政处罚、行政许可、行政强制等方面的规定时，就应当评估这些规定是否符合《行政处罚法》《行政许可法》《行政强制法》。

3. "下位法与上位法相抵触"的认定

无论是税收法律草案的合宪性评估，还是税收法律草案的合法律性评估，都涉及税收法律草案在内容上不得与上位法相抵触的问题。因此，"下位法与上位法相抵触"的认定在税收法律草案的合法性评估中是一个必须要解决的重要问题。

对于下位法在什么情形下构成与上位法的"相抵触"，有学者认为，在有上位法的情形下，下位法如有下列情形之一即构成与上位法的"相抵触"：(1) 扩大或缩小制裁权限，减少、变更或增加制裁条件或手段、幅度；(2) 扩大或缩小承担义务者的范围、性质和数量，增加、减少、变更特定对象的义务或改变义务承担的条件；(3) 扩大、缩小或改变权利的范围、性质和数量，增加、减少、变更相对人权利或改变享受权利的条件；(4) 扩大或缩小特定术语的内涵、外延，以至引起不同的法律后果。❶ 2004年5月18日，最高人民法院关于印发《关于审理行政案件适用法律规范问题的座谈会纪要》的通知（法〔2004〕96号），则具体明确了行政审判中下位法不符合上位法的情形。该通知指出："从审判实践看，下位法不符合上位法的常见情形有：下位法缩小上位法规定的权利主体范围，或者违反上位法立法目的扩大上位法规定的权利主体范围；下位法限制或者剥夺上

---

❶ 刘莘：《行政立法研究》，法律出版社2003年版，第68-69页。

位法规定的权利，或者违反上位法立法目的扩大上位法规定的权利范围；下位法扩大行政主体或其职权范围；下位法延长上位法规定的履行法定职责期限；下位法以参照、准用等方式扩大或者限缩上位法规定的义务或者义务主体的范围、性质或者条件；下位法增设或者限缩违反上位法规定的适用条件；下位法扩大或者限缩上位法规定的给予行政处罚的行为、种类和幅度的范围；下位法改变上位法已规定的违法行为的性质；下位法超出上位法规定的强制措施的适用范围、种类和方式，以及增设或者限缩其适用条件；法规、规章或者其他规范文件设定不符合行政许可法规定的行政许可，或者增设违反上位法的行政许可条件；其他相抵触的情形。"

十二届全国人大法律委员会主任委员乔晓阳在第二十一次全国地方立法研讨会上的讲话中不仅特别强调地方立法要守住维护法制统一的底线，指出"不抵触"是地方立法的底线，不可逾越的红线，还分析了地方立法实践中违反该原则的五种常见的情况：一是扩大或缩小上位法的禁止范围；二是增加或减少上位法规定的当事人应当履行的义务；三是减少或者限制上位法赋予的权利；四是调整或者变更管理机构的权限和职责；五是调整、变更上位法的处罚行为、种类和幅度。❶

上述阐释和分析虽然主要是从行政立法或行政审判、地方立法的角度讨论下位法与上位法相抵触的问题，但对于税收法律草案合法性评估中认定下位法是否与上位法构成抵触，同样具有重要的借鉴意义和参考价值。

---

❶ 乔晓阳："地方立法要守住维护法制统一的底线——在第二十一次全国地方立法研讨会上的即席讲话"，《立法新视野》2015年第3期。

(二) 税收法律草案的合理性评估

1. 税收法律草案的实质合理性

税收法律草案的实质合理性评估主要有公平性、科学性、可操作性及可行性四个方面的评估内容。这四个方面的评估内容在税收法律草案的实质合理性评估中主要是围绕税收法律草案所确立的具体税收法律制度来展开的。

税收法律制度的公平性，是指税收法律制度对于不同利益主体的利益给予了公平合理的安排。税收立法往往涉及重大的利益调整和复杂的利益关系，因此，在税收立法中贯彻公平原则也就显得尤为必要和重要。税收法律制度的公平性主要体现在设定税收法律关系主体的权利和义务（或职权和职责）、规定税收法律责任时应当尽可能地按照公平原则的要求平衡各方利益、设定各方义务和责任上。

税收法律制度的科学性，是指税收法律制度的设置合乎社会关系运行的客观规律，从而有利于立法目的的实现。因此，税收法律制度的科学性，主要体现在合规律性与合目的性两个方面。合规律性，是指税收法律制度与其调整的社会关系运行的客观规律相一致；❶ 合目的性，是指税收法律制度能够准确回应现实社

---

❶ 关于立法的合规律性，马克思在《论离婚法草案》一文中有过经典的论述，他指出："立法者应该把自己看做一个自然科学家。他不是在制造法律，不是在发明法律，而仅仅是在表述法律，他把精神关系的内在规律表现在有意识的现行法律之中。如果一个立法者用自己的臆想来代替事情的本质，那么我们就应该责备他极端任性。同样，当私人想违反事物的本质任意妄为时，立法者也有权利把这种情况看做是极端任性。"（《马克思恩格斯全集》（第一卷），人民出版社 1956 年版，第 183 页）在这里，马克思为了突出立法者对事物发展的客观规律的尊重，强调立法者"不是在制造法律，不是在发明法律，而仅仅是在表述法律"，从而揭示了立法的本质是反映事物的本质，立法应当以事物的本质为基础，而不是以个人的主观意志为基础。

第四章 税收立法前评估的内容和标准

会生活关系的立法需求,达到税收法律制度调整特定社会关系的目的。❶

税收法律制度的可操作性,是指税收法律制度在规范内容上要完整、协调,在规范形式上要明确、具体,从而能够得到具体执行和遵守。税收法律制度的可操作性与税收法律制度的可行性在内涵上既有交叉又有区别。二者的区别主要在于侧重点不同:税收法律制度的可操作性侧重于税收法律在制度设计上是否周详、合理与协调,而税收法律制度的可行性则侧重于其实施所需的条件是否具备。

税收法律制度的可行性,是指税收法律制度的设置符合实际,从而能够得到执行或实现。例如,税收法律制度规定的某项税收管理职权(职责)有明确具体的主管部门和相应的执法机构、执法人员来进行落实和执行,如果需要相关配套制度予以配合,相关配套制度也能够顺利出台。在税收立法前评估中,评价税收法律草案确立的税收法律制度的可行性,主要是看税收法律草案通过后,其实施所需的直接条件(机构、人员、经费等)和间接条件(政治、经济、社会环境)是否具备。

---

❶ 正如德国著名法学家拉伦茨所指出的:"一如语言、文学、艺术、国家或技术文明,法规范也是人类的创作,它是人类世界独有的构成部分。在此含义上,它不属于'自然'界。"([德]卡尔·拉伦茨著,陈爱娥译:《法学方法论》,商务印书馆2003年版,第72页)就法律本身而言,它乃是人类的创造物,既有其客观性的一面,还有其主观性的一面。因此,在充分认识和尊重事物发展的客观规律的基础上,立法者还应当发挥其主观能动性,从事物发展的客观规律中发现现实社会生活关系的立法需求,并以恰当的方式准确地回应现实社会生活关系的立法需求。现实社会生活关系的立法需求是客观存在的,而如果立法者未加认识,或者虽然认识到了,但却未以恰当的方式予以回应,那么,相应的法律是不可能被制定出来的,或者即使被制定出来,也难以有效地发挥其调整作用。

2. 税收法律草案的形式合理性

评价税收法律草案的形式合理性在具体内容上包括协调性和规范性。协调性是指税收法律草案对于同一事项的规定与同位阶的现行有效法律的规定应当协调一致，不应相互矛盾和冲突。在税收立法前评估中如果发现税收法律草案与其他同位阶的现行有效法律存在不协调的问题，首先要判断是不是起草者有意以新的规定来取代现行有效法律中原有的不合理规定，否则就需要考虑对税收法律草案进行修改以消解不协调的问题。规范性是指税收法律草案在结构和用语上符合立法的规范性要求。其中，结构的规范性评估包括税收法律草案在整体结构上是否符合一定的逻辑顺序、层次清晰、前后一致以及在法条结构上是否合乎逻辑、要素完整。用语的规范性评估则主要是评价税收法律草案在立法语言的使用上是否明白、准确、严谨。税收法律草案的形式合理性不仅是"形式"的问题，也会在不同程度上影响税收法律草案的实质合理性的实现。例如，税收法律草案在协调性和规范性方面存在的问题，就可能直接影响税收法律草案所确立的税收法律制度的可操作性。

四、税收立法的成本效益评估与预期影响评估

税收立法的成本效益评估与预期影响评估即通过成本—效益分析和影响性分析对税收立法的预期效果和预期影响进行评估，其所要解决的是某件税收法律的制定或修改是否有效益以及在各领域对不同主体将产生何种影响的问题。立法的成本效益评估和预期影响评估虽然是对税收立法将来的实施效果和影响进行的一种预评估，但其对于立法机关作出更为科学合理的立法决策，提高税收立法的实效，及时发现和防控税收立法所可能产生的各种

风险具有重要作用。因此,立法的成本效益评估和预期影响评估同样应作为税收立法前评估的一项重要内容。

(一) 税收立法的成本效益评估

税收立法的成本效益评估,是指通过对税收立法的成本和税收立法的收益之间的比较来评价税收立法是否有效益,主要考察税收立法的成果(税收法律)及其实施后所可能产生的经济效益和社会效益与立法成本、法律实施成本之间的比率,所要评价的是税收立法的有效性。因此,该项评估的关键在于对税收法律实施所可能产生的经济效益、社会效益和立法成本、法律实施成本的准确测算。其中,税收法律实施所可能产生的经济效益和社会效益主要表现为税收的经济效应和社会效应。立法成本包括制定或修改某件税收法律在人力、财力、物力等方面的投入。法律实施成本则既包括税收的征收成本,也包括为保证税收的征纳而支出的行政执法成本和司法成本。由于影响经济和社会发展的因素本身的多元性与复杂性,因此,在税收立法前评估实践中要准确地测度税收立法的经济效益和社会效益,难度非常大。而税收立法成本、征收成本、行政执法成本及司法成本的准确计算也并非易事。故此,建立科学的税收效应分析模型对于税收立法前评估的顺利进行就显得尤为重要。

(二) 税收立法的预期影响评估

税收立法的预期影响评估,是指对税收法律制定出来后对不同主体的行为和对经济、政治、环境、社会等领域的预期影响的评估,所要评价的主要是税收立法的风险性,即通过对税收立法的经济、政治、环境、社会影响的分析来预测税收立法可能产生的各种风险,并在立法过程中采取相应措施对其进行防控。而税收立法在经济、政治、环境、社会等方面的影响又是通过对不同群体（企业、消费者、政府、社会组织）的行为选择施加影响来实现的。❶ 因此，税收立法前评估中的影响性评估，首先要对某项税收法律制度的确立或改变可能对不同群体行为方式的选择带来哪些影响进行评估，其次再就不同群体行为方式的改变对经济、政治、环境、社会的影响开展评估。例如，生产型增值税向消费型增值税的转变势必影响企业、消费者、政府、社会组织的行为选择并由此对经济、政治、环境及社会诸方面产生影响，此种转变如果要通过修改《增值税暂行条例》或制定《增值税法》来实现，那么在相应的立法前评估中就要对这两个方面的影响进行评估。❷

第二节 税收立法前评估的标准

一、税收立法前评估标准的内涵

税收立法前评估的标准，是指在税收立法前评估中用以衡量评估对象是否符合或者达到一定原则和要求的尺度。评估标准和评估指标既有联系，又有区别。虽然评估标准和评估指标都是用来衡量或评价评估对象的，但评估指标是用一定的概念和数值对评估对象进行衡量或评价，其本身具有价值中立性，比如"满意度""成本""犯罪率"等，评估指标并不直接体现评估者的

---

❶ 税收立法对经济、政治、环境、社会等领域的影响可称为"间接影响"，对不同群体（企业、消费者、政府、社会组织）的行为选择的影响则为"直接影响"。

❷ 涂京骞、涂龙力："'十二五'时期税收立法问题展望"，载《税务研究》2011年第1期。

价值判断；而评估标准本身就有很强的价值导向性，是对评估对象必须符合的原则和要求的描述，比如合法、协调、成本小于收益等。评估指标不是孤立运用的，而是需要确定各项指标的权重，并进行量化或等级化的分析，形成一个完整的评估体系，具有客观中立性和操作便利性；评估标准相对而言对定量化的要求不那么严格，只是给出了判定评估对象的基本的考虑因素，由评估者根据这些标准进行判断，具有一定的主观判断性。❶ 正因如此，在评估实践中为了实现对评估对象的量化评价和定量分析，往往先确定若干评估标准，然后围绕评估标准来设置各项具体的评估指标。

税收立法前评估的标准和税收立法前评估的内容有着密切的关联。评估内容在很大程度上决定着评估标准的确定，甚至可以说"有什么样的评估内容就有什么样的评估标准"。在一定意义上也可以说"评估标准是评估内容的外在表现"。有鉴于此，根据前文关于税收立法前评估内容的阐述，笔者将税收立法前评估的基本标准确定为六项：税收立法项目的必要性；税收立法项目的可行性；税收法律草案的合法性；税收法律草案的合理性；税收立法的有效性；税收立法的影响性。

二、税收立法前评估的指标体系

税收立法前评估的指标体系，是指由用以评价评估对象是否达到以及在多大程度上达到评估标准的各项正向指标和反向指标构成的有机统一的整体。正向指标，是指对评价评估对象是否达

---

❶ 郑宁：《行政立法评估制度研究》，中国政法大学出版社2013年版，第134-135页。

到评价标准具有积极意义的评估指标；反向指标，是指对评价评估对象是否达到评价标准具有消极意义的评估指标。

(一) 税收立法前评估指标体系的构建原则

为了确保税收立法前评估指标体系构建的完整性和有效性，在确定各项具体的评估指标时，应当遵循以下四项基本原则。

(1) 一致性原则。一致性是指评估指标与评估目的的一致性。也就是说，税收立法前评估指标的设定要有利于评估目的的实现。因此，税收立法前评估的指标应当是现实的，而非凭空想象，要严格按照评估所要实现的目的来设定，而且在确定每一个单项指标时，都要考虑该项指标在整个指标体系中的地位和作用，并依据其所反映的某一特定对象的性质和特征来确定该指标的名称、含义及范围。

(2) 全面性原则。全面性是指评估指标要能够全面反映税收立法的整体情况，不能遗漏重要方面或者有失偏颇。由于评估对象本身的复杂性，税收立法前评估的指标体系不可能完全涵盖所有的因素，因此，具体评估指标的设定应当体现评估的重点，抓住主要因素而忽略次要因素。要做到这点，关键在于：一是要注重选择和设计核心指标，即重点选择和设计能够反映评估对象基本属性的核心指标；二是要考虑指标的代表性，注重选择具有较强代表性的指标，以降低误差和提高效益。

(3) 独立性原则。独立性是指评估指标体系内同一层次的各个指标必须是相互独立且不相互重叠、不存在因果关系。税收立法前评估指标体系并非多个指标的简单堆砌，而是由既相互关联又各自独立的多项指标构成的有机整体，因此，不同评估指标的设定应符合逻辑思维习惯，尽可能地做到层次分明，避免出现交叉重叠甚至相互矛盾的现象。因此，在设计各项指标时要保证指标的独立性。

(4) 可操作性原则。可操作性是指评估指标必须是明确、具体、客观且切实可行的,而不是笼统、模糊、主观而难以把握的。税收立法前评估指标的选择和设计应当从评估对象和评估工作的实际出发,实事求是,客观可行,尽可能地选择和设计可以量化的定量化指标,不用或者少用难以量化的定性指标。

(二) 税收立法前评估的指标体系

根据以上关于税收立法前评估指标体系的概念和构建的基本原则,围绕税收立法前评估的六项标准,笔者构建的税收立法前评估指标体系如表4-1所示。

表4-1 税收立法前评估的指标体系

序号	评估标准	一级指标	二级指标	三级指标
1	立法项目的必要性（制定类项目）15分	立法需求 7.5分	需求的普遍性	不同领域的需求
			需求的迫切性	不同程度的需求
		立法与立法需求的对应性 7.5分	有相关立法	相关立法满足立法需求的程度
			无相关立法	拟立之法满足立法需求的程度
	立法项目的必要性（修改类项目）15分	客观社会情势的变化 7.5分	经济形势	变化的程度
			政治形势	变化的程度
			社会形势	变化的程度
			……	变化的程度
		拟修改之法的适应性 7.5分	适应	适应的程度
			不适应	不适应的程度

129

续表

序号	评估标准	一级指标	二级指标	三级指标
2	立法项目的可行性 15分	立法准备工作 3分	理论研究	
			信息收集	
			调查研究	
		起草机构和起草人员 3分	起草机构	
			起草人员	
		后续立法活动的进展 3分	相关部门的配合	
			重大分歧的协调	
		内部获得通过的可能性 3分	主要领导的意见	
			其他成员的意见	
		列入立法主体会议议程的可能性与进度 3分	列入议程的可能性	
			立法的进度	
3	税收法律草案的合法性 20分	合宪性 10分	立法主体的合宪性	有立法权的主体
				符合立法权限
			立法内容的合宪性	符合宪法
				符合宪法性法律
		合法律性 10分	立法主体的合法律性	有立法权的主体
				符合立法权限
			立法内容的合法律性	权利、义务（职权、职责）的规定
				法律责任的规定
				执法主体的规定
				……

续表

序号	评估标准	一级指标	二级指标	三级指标
4	税收法律草案的合理性 20分	实质合理性 10分	公平性	权利、义务（职权、职责）的规定
			科学性	法律责任的规定
				合规律性
			可操作性	合目的性
				规范内容
			可行性	规范形式
				实施条件
			协调性	配套制度
				取代原有规定
		形式合理性 10分	规范性	非取代原有规定
				结构的规范性
				用语的规范性
5	税收立法的有效性 15分	税收立法的效益 15分	税收立法成果与立法成本的比率 7.5分	
			税收法律实施可能产生的收益与立法成本的比率 7.5分	经济效益
				社会效益
6	税收立法的影响性 15分	微观影响 7.5分	企业	
			消费者	
			政府	
			社会组织	
		宏观影响 7.5分	经济	
			政治	
			环境	
			社会	

三、税收立法前评估指标的量化

税收立法前评估内容的多样性决定了税收立法前评估标准的多样性,而各项评估标准又需要通过多重评估指标来进一步细化。因此,在税收立法前评估指标体系构建之后,需要对评估指标进行量化处理,即根据评估指标的性质,采用不同的测量尺度予以数量化,进而在此基础上做归一化处理,使不同的评估指标统一化。

常用的评估指标量化方法有排序打分法、体操计分法、两两比较法、连环比率法、综合评分法,这些方法均可运用于税收立法前评估指标的量化。其中,连环比率法是指按指标排列顺序,通过连环比较的方法确定比率,然后再将各指标的比率转换为相对于基准指标的比率,从而确定指标权重。因为连环比率法是定性和定量相结合的量化方法,所以比较适合用于税收立法前评估指标的量化。

由于税收立法前评估的各项指标定量化的评价值分有量纲和无量纲两种情况且值域各不相同,因此应将其做归一化或标准化处理。标准化就是采用模糊数学的基本原理,将所有评价值转换为同一评判标准、同一值域的无量纲指标,分指标要求越大越好、越小越好、适中为好三种情况,将评价值作为 1 或 100。

例如,若指标值是越大越好,则:

指标评价得分=评价值/最大评价值　　　　　　　　式 4-1

由此得到不大于 1 或 100 的值,再按值域要求乘其上限值,得到标准化评价值。

若指标值是越小越好,一种方法是建立转换函数,再将评价值代入函数,得到无量纲评价值;另一种方法是采用求补法将指

标评价值由追求最小化转为最大化,采用最大评价标准的标准化方法求出无量纲评价值,其计算公式为:

指标评价得分=最大评价值+最小评价值-评价值/最大评价值

式 4-2

若指标值是越中间越好,一种方法是建立以标准值为分界的分段函数,再将评价值代入函数,得到无量纲评价值;另一种方法的计算公式为:

指标评价值=中间标准值-(|评价值-中间标准值|)/中间标准值

式 4-3

在将各项评估指标数量化,得到所有评估指标的分值后,可以使用专家决策咨询法、专家排序打分法、多元统计分析法、模糊方程求解法等多种方法进行指标综合,以确定各个指标的权重。基于科学和简便两个方面的考虑,立法前评估实践中,大多采用专家排序打分法来确定立法前评估中各项指标的权重。为减少专家排序打分法专家主观因素的影响,可采用验证性因子分析法,对通过专家排序打分法确定的指标权重进行验证。在本书中,笔者暂将税收立法前评估的总得分确定为 100 分,并根据六项评估标准的重要性程度分别确定其权重,对各项一级评估指标和二级评估指标的权重则采取平均分布的方式予以处理(见表4-1)。

第五章　税收立法前评估的程序和方法

第一节　税收立法前评估的程序

一、税收立法前评估程序概述

(一) 税收立法前评估程序的概念

程序，在通常意义上，是指按时间先后或依次安排的工作步骤。❶ 从法学角度看，程序是按照一定的顺序、方式和手续作出决定的相互关系，其普遍形态是按照某种标准和条件整理争论点，公平地听取各方意见，在使当事人可以理解或者认可的情况下作出决定。❷ 由此可见，从形式上看，程序是指为了实现一定的目的，按照一定的次序、方式和步骤来作出决定的过程；从实质上看，程序则是当人们对作出某一决定存在争议时，为了让利益相关者都能够参与其中并平等地发表意见，以保证作出的决定更加公平与合理而设置的作出决定的次序、方式和步骤。

---

❶　夏征农主编：《辞海》，上海辞书出版社 2000 年版，第 2116 页。
❷　季卫东：《法律程序的意义》，中国法制出版社 2004 年版，第 17 页。

第五章　税收立法前评估的程序和方法

税收立法前评估的程序，是指税收立法前评估主体按照一定的步骤、时序和方式，在税收法律草案交付表决前，对税收立法项目的必要性与可行性和税收法律草案的合法性与合理性以及税收立法的成本效益与预期影响等进行评估的过程。

从静态看，税收立法前评估程序表现为评估主体开展税收立法前评估活动的操作规程，由时序、方式和步骤三个要素构成。从动态看，税收立法前评估程序表现为评估主体以税收立法项目选项和税收法律草案的优化为目的而实施一系列连续评估行为的过程。评估行为在立法前评估和立法后评估中都是评估程序必不可少的结构性要素，离开评估行为这一结构性要素，便没有评估程序的存在。在此意义上，可以说整个税收立法前评估过程都是由评估主体前后相继的评估行为构成的。

税收立法前评估是一项有目的的活动，与其他任何有目的的活动一样，其实现也依赖于一定的评估程序，也就是说，只有通过科学合理的评估程序的设置与实施，才能得出客观、科学的评估结论，提出合理的评估意见，为提高税收立法质量提供可资参考的建议，从而实现开展税收立法前评估活动的目的。

（二）税收立法前评估程序的价值

程序本身是否重要，这在法学史上曾经是一个存有重大分歧的论题。有一种观点认为，虽然任何实体性目的的实现都需要经过一定的程序，但程序本身并不具有独立性，程序只是一种实现实体性目的的工具。这是一种典型的实用主义的观点，源自英国功利主义哲学的创始人边沁，在他看来，"实体法的唯一正当目的，是最大限度地增进最大多数社会成员的幸福"，而"程序法的唯一目的，则是最大限度地实现实体法"。❶ 在此种观点下，程序是可以随时改变甚至是可有可无的，其自身并不具有独立的价值。另一种观点认为，程序自身具有独立的意义，只有程序得到了严格执行，实体性目的才能真正得以实现，不仅如此，程序本身就有独立存在的价值。该观点的代表人物是英国法学家达夫，他指出，从某种意义上讲，法律程序本身的公正性程度就往往意味着裁判结果对应其公平公正的限度。❷

在我国，"重实体、轻程序"被视为传统法律文化的特点或弊端之一，并且受传统法律文化的影响，很长一个时期以来，程序问题即便是在法律职业者当中也是不受重视的，更毋庸说普通民众能有多少"程序"意识或观念了。与其他法律程序一样，税收立法前评估程序也并非可有可无，其价值主要体现在以下四个方面。

第一，防止评估制度虚置，强化税收立法前评估制度的约束力。税收立法前评估活动的启动和顺利运行有赖于一套完整而合理的评估程序制度。如果没有相应的程序制度，即便是税收立法前评估非常有必要，甚至确立了评估的实体性制度，评估活动也可能难以启动，更难以顺利运行。就像我国现行宪法虽然确立了宪法监督的实体性制度，但由于宪法监督程序制度的缺失，诸如违宪审查等宪法监督活动在宪法实施的现实过程中也就很难发生一样。因此，为了防止税收立法前评估制度的虚置，强化税收立法前评估制度的约束力，评估程序制度的建构就显得非常有必

---

❶ 刘楠：《论法治社会下法律程序的价值和功能》，辽宁师范大学2006年硕士学位论文。

❷ 尹宁、潘星容："程序公正的价值——兼议实体公正与程序公正冲突的解决"，载《政治学刊》2009年第6期。

第五章 税收立法前评估的程序和方法

要。而这恰恰体现了税收立法前评估程序的价值所在。

第二，优化评估资源配置，保障评估活动的顺利有序开展。税收立法前评估活动的开展是需要成本的，即需要人力、物力及财力的投入，而评估资源本身又是有限的。这就需要通过优化评估资源的配置来保证有限的评估资源发挥更大的效用，而不至于因为不合理的评估资源配置导致人力、物力及财力的浪费，进而影响税收立法前评估活动的顺利开展。通过税收立法前评估程序的周密设计，明确税收立法前评估活动的先后次序和各个环节的操作规程，使得其按照既定的步骤、时序和方式有序开展，既可以避免评估活动的随意性和盲目性，又可以防止评估过程中人力、物力及财力的浪费，从而在节约评估资源的同时，增进其效用。

第三，排除评估中的恣意和专断，制约评估决策主体和实施主体的权力。正如季卫东先生所指出的，"程序的对立物是恣意，因而分化和独立才是程序的灵魂"。❶ 税收立法前评估活动的开展，不仅涉及相关税收立法项目的选项或相关税收法律草案的评价，而且还关乎税收征管机关、纳税义务人甚至评估决策主体和实施主体等利益相关者的利益。因此，在开展税收立法前评估时就不可避免地带有因出于自身利益的考虑而人为选择的因素。为防止人为因素的干扰，制约评估决策主体和实施主体的权力，排除税收立法前评估中的恣意和专断，设置和遵循正当的评估程序就显得尤为必要。一个正当的税收立法前评估程序，不仅能够创造一个相对独立于外部环境的评估的"隔音空间"，排除各种偏见、不必要的社会影响和不着边际的连环关系的重荷，来

---

❶ 季卫东：《法律程序的意义》，中国法制出版社 2004 年版，第 16 页。

营造一个平等对话、自主判断的场所，而且能够发挥"作茧自缚"的效应，保证评估决策主体和实施主体按程序办事，受程序约束。

第四，正当化评估结果，保障利害关系人和社会公众的权利。税收立法往往直接关乎国家财政利益、利害关系人利益及社会公众利益等复杂的利益关系。为平衡利益关系，特别是保障利害关系人和社会公众的权利，税收立法前评估活动的开展就不能是评估决策主体和评估实施主体"唱独角戏"，而必须让利害关系人和社会公众直接参与评估过程，表达利益诉求，发表自身意见，影响评估结果。因此，具有民主性（参与性）和公开性的评估程序制度的设置和遵循也就显得尤为重要。民主和公开的评估程序，不仅是税收立法前评估中理性选择的保障机制和恣意专断的"过滤装置"，其在很大程度上还具有正当化评估结果的作用，从而使得税收立法前评估的结果具有更强的可接受性，由此也更能有效发挥评估本身的作用。

（三）税收立法前评估程序的建构原则

税收立法前评估程序的建构原则，是指在税收立法前评估程序制度的设置中应当遵循的，反映税收立法前评估活动客观规律和基本要求的基本准则。税收立法前评估程序的建构原则不只是对税收立法前评估程序的设置有普遍指导意义，其对于税收立法前评估程序制度的执行也具有普遍指导意义。为保证税收立法前评估活动的顺利开展，体现税收立法前评估程序的价值，实现税收立法前评估的目的，笔者认为，税收立法前评估程序应当遵循以下四项建构原则。

1. 参与性原则

参与性原则既是税收立法民主化的基本要求，也是公众行使参与权的突出体现，还是评估决策科学性的重要保障。在税收立法前评估过程中引入公众参与，让公众通过各种途径和形式参与评估活动，既是"人民主权"理论或原则的应有之义，更是汇集民意和提高评估质量之所需。因此，税收立法前评估程序的设计和执行，应当保障那些权益可能受到评估结果影响的人有充分的机会和有效的途径富有意义地参与评估活动，并对评估结果的形成发挥有效的影响和作用。[1] 落实参与性原则的关键指标有二：一是公众参与的广泛程度；二是公众参与的有效程度。前者表现的是税收立法前评估过程中公众参与的"量"，即有多少数量的社会公众参与税收立法前评估活动；后者反映的是税收立法前评估过程中公众参与的"质"，即参与税收立法前评估活动的社会公众对评估结果产生的实际影响力。对于税收立法前评估程序制度而言，不仅要让更多数量的利益相关者参与税收立法前评估活动并充分地表达自己的意见和观点，而且要通过一定的机制促使评估主体对评估参与者的意见和观点予以认真的对待和考虑，特别是对于其提出的合理化主张，应在评估结果中得到吸纳和体现，否则，所谓的公众参与就只是一种摆设。

2. 公开性原则

公开既是公民知情权实现的重要保障，也是其有效参与公共事务的基本前提。因此，各国普遍都将公开性原则或透明度原则规定为规制影响评估的一项重要原则。该原则要求税收立法前评估的全过程即每一阶段和每一步骤，都应当以外界所能看得见的方式进行，公众有权了解并获取税收立法前评估进程的有关资料和信息；评估过程中公众意见的采纳情况和评估结果也应当公

---

[1] 苗连营：《立法程序论》，中国检察出版社2001年版，第48页。

开。英国一则古老的法律格言曰："正义不但要伸张，而且必须以看得见的方式被伸张。"当代美国著名法学家伯尔曼更是明确指出："没有公开则无所谓正义。"❶ 正因如此，程序的公开性原则长期以来被视为程序正义的基本标准和必不可少的要素。税收立法前评估中的信息公开既要保证公众能够及时和方便地了解并获取相关信息，也要保证信息本身的权威性。这就要求税收立法前评估的决策主体和实施主体在税收立法前评估过程中通过新闻发布会、权威媒体、官方网站等途径及时发布相关信息。程序公开不仅有助于公众更加有效地参与税收立法前评估，还有利于税收立法前评估活动接受公众的监督，防止因为评估中的暗箱操作而损害社会公共利益。

3. 公正性原则

程序的公正性原则既是现代法律程序的首要价值，也是税收立法前评估程序的设计和执行必须体现和维护的重要原则。正如季卫东先生所言："程序问题与公正性问题必须结合起来考虑。所谓'程序的正当过程'（procedural due process）的用语就是要强调程序中的价值问题。"❷ 税收立法前评估只有做到程序和过程的公正，才能保证评估结论的公正。公正性原则不仅要求税收立法前评估程序制度必须保证所有主体平等参与评估活动的权利，还要求税收立法前评估的决策主体和实施主体平等地对待所有参与主体并平等地保护其在评估过程中的评估权利。需要予以强调的是，平等参与并不意味着人人都直接参与税收立法前评估活动，而是要保证人人都有参与的机会和权利，并且在参与的过

---

❶ ［美］伯尔曼著，梁志平译：《法律与宗教》，生活·读书·新知三联书店1990年版，第48页。

❷ 季卫东：《法治秩序的建构》，中国政法大学出版社1999年版，第13页。

程中得到同样的对待。

4. 比例性原则

税收立法前评估的比例性原则，是指税收立法前评估的内容、时间、方法等应当与评估所涉及的问题的大小和紧迫程度成比例。其在税收立法前评估程序中具体体现在三个方面：一是评估的内容与评估的影响成比例，即根据评估的重要性程度和影响大小来进行相应程序的评估，也就是说，重要性程度不高和影响较小的评估采取初步的评估即可；重要性程度较高和影响较大的评估则应当进行正式的评估。二是评估的时间与评估的对象成比例，即根据评估对象的复杂程度和评估的紧迫程度来确定评估时间的长短。这意味着，评估对象越复杂，所需要的评估时间也就越长，此时可以在法定的时限范围内延长评估时间；而评估对象如果涉及紧急状况，则需要相应地缩短评估时间。三是评估的方法与评估阶段成比例，每个评估阶段的任务不同，评估的方法也应当随之不同。例如，在评估的提出阶段，用总结性的数据提出评估方案即可，但在评估的后续阶段，则应当加大对数据的分析力度。❶

(四) 税收立法前评估的基本程序

在我国已开展的立法前评估实践中，基本上将立法前评估活动分为若干阶段或步骤：一是确定评估主体；二是制定评估方案；三是组织实施评估；四是形成评估报告；五是提交评估报告。当前，理论上尚未对立法前评估的基本程序作出归纳和阐述。结合税收立法前评估的特点和目的，笔者认为，一个完整的

---

❶ 郑宁：《行政立法评估制度研究》，中国政法大学出版社2013年版，第214页。

税收立法前评估活动,除包括前述阶段或步骤外,还应当包括评估回应这一阶段或步骤,并且确定评估主体和制定评估方案可以纳入评估启动之中,而形成评估报告和提交评估报告则可以并入评估实施当中。因此,税收立法前评估的基本程序应当包括评估启动、评估实施及评估回应三个阶段或步骤(见图5-1)。

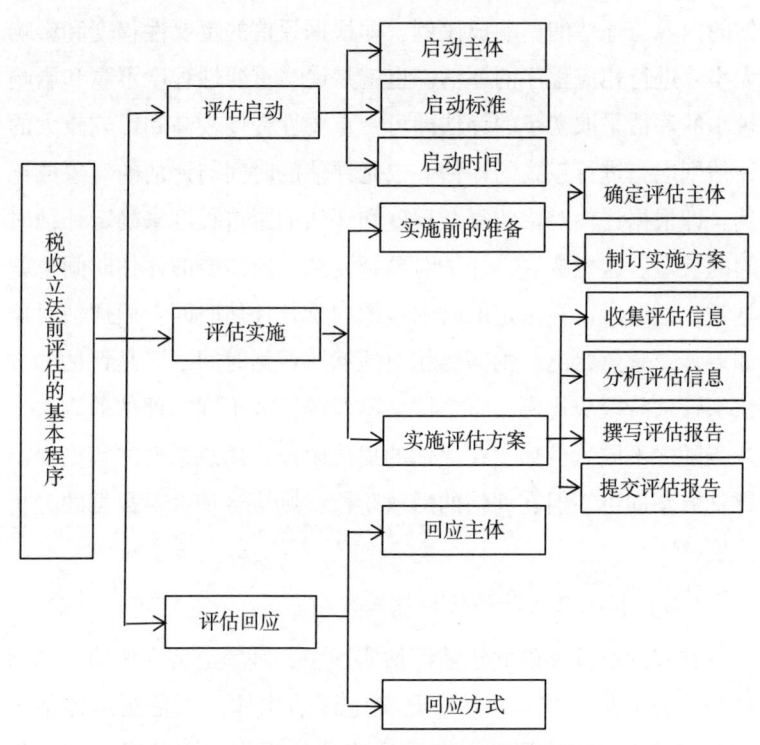

图 5-1 税收立法前评估的基本程序

二、税收立法前评估的启动程序

税收立法前评估的启动程序,是指有关主体依据一定的标准决定开始进行税收立法前评估的程序,主要涉及启动主体、启动

标准及启动时间三个方面的问题

（一）税收立法前评估程序的启动主体

立法前评估程序的启动主体即有权发起立法前评估程序的主体。在我国已开展的立法前评估实践中，启动主体一般为立法项目的起草单位或部门。就税收立法前评估程序而言，笔者认为，其启动主体不能一概而论，而应当根据税收立法前评估的对象和评估所处阶段的不同来确定：（1）对于税收立法项目的必要性和可行性的单项评估，由于此时立法过程尚处于立法选项阶段，因此，立法前评估程序的启动主体应为提出该立法项目建议的单位或部门；（2）对于税收立法的整体评估（包括立项评估、草案评估及成本效益和预期影响评估），在该项立法案向有立法权的机关提出之前，评估程序的启动主体应为起草单位或部门，而在该项立法案向有立法权的机关提出之后，评估程序的启动主体则应为有立法权的机关。在税收立法前评估中根据不同情况设置多层次启动主体具有限制权力、节约成本的功能。

（二）税收立法前评估程序的启动标准

立法前评估程序的启动标准，即根据什么标准来启动立法前评估，实际上是要明确什么样的立法项目或草案应当成为评估的对象。对此问题，除国务院制定的《行政法规制定程序条例》和《规章制定程序条例》在规定行政法规和规章的立法前评估时明确了"有较大争议的重要立法事项"外，《立法法》和各地的立法评估规范性文件都未予以明确。对于税收立法前评估程序的启动标准而言，笔者认为应当将税收立法前评估对象选择的有效性和可行性两项标准作为评估程序的启动标准。

税收立法前评估对象选择的有效性，是指税收立法前评估选择的对象应当有助于评估目的的实现,即有助于通过对选择的评估对象的评估达到一定的评估目的。在税收立法项目作为评估对象的选择上,应当倾向于选择那些对经济社会发展和经济社会调节影响更为明显、更为直接和更为显著的税收立法项目。尤其是那些各方面对其立项的必要性和立项后落实的可行性存在很大争议的税收立法项目,其评估的有效性一般也很强,也就更应当成为税收立法前评估对象选择中的首选项目。在选择税收规范性法律文件草案作为税收立法前评估的对象时,除考虑其主要制度的微观影响和宏观影响外,还要考虑其是否可能存在与上位法相抵触的情形以及在实质合理性与形式合理性方面,税收规范性法律文件草案文本是否可能存在问题。一般而言,在合法性与合理性方面存在问题可能性越大的税收规范性法律文件草案,在进行评估对象的选择时,也就越应当成为税收立法前评估的对象。

　　税收立法前评估对象选择的可行性,是指税收立法前评估选择的对象应当是可以评估的。有学者对政策评估选择的对象的可评估性进行了归纳:一是政治可行性;二是经济可行性;三是行政可行性;四是法律可行性;五是技术可行性;六是社会可行性。[1]对于税收立法前评估对象选择的可行性而言,主要包括评估时机、评估条件及评估制度三个方面的可行性,即评估时机业已成熟、评估条件已经具备、评估制度已有保障。评估时机业已成熟,对于税收立法前评估对象选择的可行性而言,主要是指某项税收立法的立、改、废已经进入相关立法主体考虑的范围,存在开展立项、起草、审议等进一步工作的可能性。评估条件已经

---

[1] 谢明:《政策透视——政策分析的理论与实践》,中国人民大学出版社2004年版,第226页。

具备，是指开展税收立法前评估所需的人力、财力及相关方面的支持与配合等方面的条件已经具备。评估制度已有保障，是指《立法法》和各省、自治区、直辖市、设区的市的《立法条例》和立法评估方面的工作规定、办法、制度等关于立法前评估的规定，为税收立法前评估活动的开展提供了制度保障。为实现税收立法前评估的规范化、制度化、程序化，国家和地方财政税收主管部门还应当制定专门的税收立法前评估的制度规范。

（三）税收立法前评估程序的启动时间

立法前评估程序的启动时间即何时启动立法前评估程序。在我国立法前评估实践中一般要求评估主体在向有立法权的机关提出立法项目建议或者提出立法案之前应当完成立法前评估，对于评估程序应于何时启动则没有明确的规定和要求。对于税收立法前评估程序的启动时间而言，笔者认为评估程序应当尽早启动以保证评估的时间，有立法权的机关可以要求相关单位或部门在每年年初公布拟订立法计划和重点评估立法计划，借此促使相关单位或部门尽早启动和开展评估活动。

三、税收立法前评估的实施程序

税收立法前评估的实施程序是指在确定评估实施主体和制订评估实施方案的前提下，由确定的评估实施主体按照实施方案开展税收立法前评估活动所应遵循的程序，主要包括实施前的准备和评估方案的实施两个方面的程序内容。

（一）实施前的准备

实施前的准备工作主要有二：一是确定评估实施主体；二是制订评估实施方案。

1. 确定评估实施主体

税收立法前评估的实施主体，即根据税收立法前评估决策主体的决策，具体组织和开展税收立法前评估活动并向决策主体提交评估结果的组织。税收立法前评估的实施主体，既可以是国家机关或其内部机构，也可以是有评估条件和评估能力的社会组织，如科研机构、高等院校、社会中介机构等。与此相对应，税收立法前评估的实施主体可分为内部实施主体和外部实施主体。

税收立法前评估的内部实施主体即具体组织和开展税收立法前评估活动并向决策主体提交评估结果的国家机关或其内部机构。在我国已开展的立法前评估实践中，大多为有立法权的国家机关或其内部机构或者是法律草案的起草单位或部门。

税收立法前评估的外部实施主体即具体组织和开展税收立法前评估活动并向决策主体提交评估结果的社会组织，如科研机构、高等院校、社会中介机构等。此类评估实施主体一般被称为"独立第三方评估机构"。

内部评估主体和外部评估主体各具优势和劣势，二者具有很强的互补性，这就要求在税收立法前评估中将内部评估和外部评估结合起来，实现评估主体的多元化，从而在发挥各自优势的同时，克服各自的劣势。因此，税收立法前评估的决策主体在选择和确定评估实施主体时，无论是选择和确定内部评估实施主体，还是选择和确定外部评估实施主体，都应当明确评估实施主体在组织和开展评估活动过程中必须吸收自身之外的机构和人员参与其中，也就是要实行"多方参与"的"开门评估"，而不是"独自一家"的"闭门评估"。

2. 制订评估实施方案

评估实施主体确定后，制订评估实施方案便成为税收立法前

第五章 税收立法前评估的程序和方法

评估实施主体的首要任务。评估实施方案应当明确以下几个方面的事项：评估目标、评估内容、评估标准和评估指标、评估方法、评估步骤、时间安排、经费保障。

税收立法前评估的最终目标是提高税收立法选项和税收立法起草的质量，从源头上解决我国税收立法存在的质量问题。评估实施方案确定的评估目标应当服从和体现这一最终目标，并且在评估目标的表述上要明确、具体，清晰可见。

税收立法前评估工作中，评估内容的确定主要取决于评估对象的选择和所欲实现的评估目标。因此，评估实施方案要根据所选择的评估对象和所欲实现的评估目标来确定评估内容。具体而言，针对立法项目选项的评估主要是评估其必要性和可行性，针对法律草案的评估主要是评估法律草案内容与形式上的合法性和合理性，针对立法预期效果和影响的评估主要是立法的成本效益评估和影响评估。

在税收立法前评估中，评估标准是评估的重要参照物，评估指标是衡量和评价评估对象的重要尺度。评估结论的科学性有赖于评估标准和评估指标的科学设定。因此，评估实施方案要根据评估对象和评估的目的，科学设定税收立法前评估的相关标准和各项评估指标及其权重，进而科学构建税收立法前评估的指标体系。

科学的评估方法对于科学的评估结论的得出有着至关重要的作用。税收立法前评估需要收集评估所需的各种信息并听取各方面参与主体的意见，还要对收集的信息和意见进行评估分析，选择的评估方法是否恰当，将直接影响评估活动的顺利开展并进而影响评估结论的客观性和准确性。因此，税收立法前评估实施主体在制订评估实施方案时，就应当明确即将开展的立法前评估活动所要采用的评估方法。

除上述事项外，评估的步骤、时间及经费等对于保证评估活动的有序高效开展也有重要作用。对于评估的各个环节及其进度安排和评估经费的来源与保障，税收立法前评估的评估实施主体在制订评估方案时也要进行通盘考虑。

（二）评估方案的实施

税收立法前评估方案实施的主要任务有：收集评估信息、分析评估信息、撰写评估报告、提交评估报告。

1. 收集评估信息

评估信息就是用于评价和判断评估标准的有关数据、文件、资料等，应当具备全面性、准确性、关联性及透明性"四性"。[1] 评估信息是评估的前提和基础，没有真实、完整的评估信息，税收立法前评估的客观性和科学性就会因缺乏前提和基础而无从谈起。因此，税收立法前评估的实施主体应当紧紧围绕评估目的拓宽评估信息的收集渠道，最大限度地收集评估所需的各方面信息，尽可能地避免信息的流失和失真，防止信息收集工作的盲目性和所收集信息的离散性。[2]

2. 分析评估信息

评估信息收集工作完成之后，首先要对收集到的信息进行筛选和处理，通过分类和汇总整理成对税收立法前评估有用的信息。其次要对照评估标准和评估指标体系，对整理好的评估信息进行分析。分析评估信息的具体方法很多，但大体上均可归为定

---

[1] 郑宁：《行政立法评估制度研究》，中国政法大学出版社2013年版，第190-191页。

[2] 关于评估信息的收集方法，参见本章第二节"评估信息的收集方法"。

性分析和定量分析两大类。❶ 为保证评估的客观性，减少评估结论受评估者主观因素的影响，在税收立法前评估中要坚持以定量分析为基础，尽可能地多采用定量分析的方法；即便是定性分析也应当尽可能地建立在定量分析的基础上。

3. 撰写评估报告

在对照评估标准和评估指标体系分析评估信息的过程中，对于评估对象会形成若干评估结论。对这些评估结论进行综合分析、对照比较、去伪存真，最终形成的就是对评估对象的综合评估结论。在此基础上提出针对评估对象的处理建议和下一步的立法工作进度安排建议，如针对立法项目的立项与否或者法律草案如何修改完善提出建议等。评估结论和相关建议均要以书面的评估报告为载体向立法前评估的决策主体提交。评估报告在内容上一般应当包括：（1）评估工作开展的基本情况；（2）立法的必要性、可行性、紧迫性分析；（3）法律草案文本的合法性与合理性分析；（4）立法的成本效益分析；（5）立法的预期影响分析；（6）评估结论和相关建议；（7）附录。由于评估报告是评估决策主体作出立法决策和下一步立法工作安排的重要依据，因此，在撰写时要力求全面、客观、准确，所提建议要有针对性、建设性及可操作性，以引起决策主体的重视，加快评估成果的转化。

4. 提交评估报告

评估报告撰写完成之后，评估实施主体要按照事前的规定或者约定向评估的决策主体或者委托主体提交评估报告。对于立法前评估报告，各国大多规定应当予以公开或公布。公开的目的主

---

❶ 关于分析评估信息的方法，参见本章第二节"评估分析方法"。

要有二：一是加强立法决策的透明度；二是可以为经验不足的机关提供参照样本。❶ 公开的方式一般都是在相关国家机关的网站上公开。有些国家也规定了公开的例外情形，如爱尔兰规定了适用信息自由法规定的例外及财政法案、紧急、安全和一些刑事立法、税法例外。❷ 税收立法前评估的评估报告之所以被一些国家规定为评估报告公开的例外，可能主要是因为税收立法对经济、社会的影响甚巨，而且多数情况下是直接影响，评估报告如果公开，将使得相关税收立法项目的立法进度安排和税收法律草案过早地公之于众。

四、税收立法前评估的回应程序

税收立法前评估的回应程序，是指有税收立法决策权的主体收到税收立法前评估报告之后，对评估报告提出的问题和建议作出回复和反应所应遵循的程序。对评估报告作出及时且积极的回应，既是对评估结果表明决策主体态度的重要形式，更是实现税收立法前评估成果转化、彰显评估实效的必经环节。税收立法前评估回应程序的内容主要包括回应主体和回应方式两个方面。

(一) 回应主体

税收立法前评估报告的回应主体即税收立法前评估报告回应法律关系的主体，包括回应的权利主体和义务主体。

1. 税收立法前评估报告回应的权利主体

税收立法前评估报告回应的权利主体，是指在税收立法前评

---

❶ Revised RIA Guideline：How to Conduct a Regulatory Impact Analysis（Ireland），p. 35.

❷ Revised RIA Guideline：How to Conduct a Regulatory Impact Analysis（Ireland），p. 38.

第五章　税收立法前评估的程序和方法

估报告回应法律关系中有权要求义务主体作出回应的组织或人员。主要包括以下主体。

（1）税收立法前评估的决策主体。税收立法前评估的决策主体在税收立法前评估报告回应法律关系中一般是作为有税收立法决策权的主体承担回应的义务，即义务主体，但这是相对而言的。当对税收立法前评估报告提出的问题和建议超出其决策权的范围而需要享有更大决策权的主体来作出回应时，税收立法前评估的决策主体相对于后者而言，就是权利主体。例如税收法律草案的起草单位或部门相对于税收立法前评估的实施主体和参与主体，它有义务对实施主体和参与主体提出的问题和建议作出回应；但相对于有税收立法权的主体而言，它又是权利主体。

（2）税收立法前评估的实施主体。实施主体，无论是内部评估主体，还是外部评估主体，因为其既是实际开展评估活动的主体，也是形成和提交评估报告的主体，所以在税收立法前评估报告回应法律关系当中，是当然的权利主体。

（3）税收立法前评估的参与主体。此类主体在税收立法前评估中虽然既非决策主体也非实施主体，但因其实际参与了税收立法前评估活动，而且税收立法前评估报告中所提出的问题和建议当中可能就包含了其提出的问题和建议，所以，其也是税收立法前评估报告回应法律关系的权利主体，有权得到义务主体的回应。

2. 税收立法前评估报告回应的义务主体

税收立法前评估报告回应的义务主体，是指在税收立法前评估报告回应法律关系中有义务对权利主体作出积极回应的主体。回应的义务主体必须是对税收立法前评估报告提出的问题和建议有决策权的主体，一般必须是享有特定立法决策权的立法机关或其内部机构（如人大常委会或人大常委会法工委），税收立法前评估的决策主体（如税收法律草案的起草单位或部门）有时也是回应的义务主体。

(二) 回应方式

1. 主动回应和被动回应

按照回应义务主体对税收立法前评估报告的回应是否主动，可以将税收立法前评估报告的回应方式分为主动回应和被动回应。前者是指回应义务主体对评估报告中应当回应的问题和建议，积极主动地采取措施作出回复和反应；后者是指回应义务主体对评估报告中其有义务作出回应的问题和建议，不是积极主动，而是在迫于外界压力的情况下，消极被动地作出回复和反应。

2. 肯定性回应和否定性回应

按照回应义务主体对税收立法前评估报告提出的问题和建议是给予正面的回应还是反面的回应，可以将税收立法前评估报告的回应方式分为肯定性回应和否定性回应。前者是指回应义务主体对评估报告中提出的问题和建议予以肯定并作出正面的回应，例如评估报告提出的税收法律草案文本存在的问题和相应的修改建议得到回应主体的肯定并予以采纳；后者是指回应义务主体对评估报告中提出的问题和建议予以否定并作出反面的回应，例如评估报告提出对评估的税收立法项目予以立项并启动起草工作的建议，回应义务主体没有采纳。

3. 立项回应和修改回应

按照回应义务主体对税收立法前评估报告提出的问题和建议作出回应的内容，可以将税收立法前评估报告的肯定性回应进一步分为立项回应和修改回应。立项回应是指回应义务主体对税收立法前评估报告中提出的针对特定税收立法项目的立项建议作出肯定性的回应。修改回应是指回应义务主体对税收立法前评估报告中提出的针对特定税收法律草案文本的修改建议作出肯定性的回应。

第二节 税收立法前评估的方法

税收立法前评估的方法既包括收集评估信息的方法，也包括对收集的各种信息进行辨别、分类、量化的方法，还包括结合具体评估指标对各项评估内容展开分析与评价的方法。本节主要对评估信息的收集方法和评估分析方法予以阐述。

一、评估信息的收集方法

（一）文献研究法

文献研究法是指通过查阅网络、报刊、书籍、公报、档案、书信、报表、录像、照片、磁带等发布、记录或承载的与税收立法前评估对象相关的文献资料（如税收立法文献、税收数据、经济数据、税收法律研究文献等）来获取评估信息的方法。该方法针对的是历史性信息，可以超越时间和空间的限制，灵活采取各种收集手段，并且收集对象是固定化的信息，收集主体不需要进行沟通与互动的环节，不仅操作比较便捷，而且成本较低，它在税收立法前评估信息收集中的应用十分广泛。

（二）调查法

调查法是指在没有人工干预对象行为的情况下，通过与调查对象之间的直接性语言交流来获取评估信息的方法。其特点有三：一是没有人工干预（不同于实验法）；二是语言是沟通的主要媒介（不同于观察法）；三是主客体之间直接接触（不同于文献研究法）。调查法主要有问卷调查、访谈调查、会议调查（如座谈会、听证会、专家小组会等）。该方法在税收立法前评估信息的收集中主要运用于需要调查对象（如社会公众、专家、利害关系人）对评估对象作出评价的情形。

（三）观察法

在天然环境中主要通过观察者对观察对象的观察来获取信息的方法。观察法可分为参与观察和非参与观察两种类型。前者是指观察者进入观察对象生活或工作的场所，参与他们的生活和工作活动，并在参与过程中观察对象的各种行为及其变化情况；后者是指观察者不参与观察对象的社会情境之中，而是将其作为纯粹的观察客体，自己则是纯粹的旁观者，观察变量的变化及其相互关系。[1]该方法在税收立法前评估信息的收集当中一般用于观察税收立法或政策对微观经济主体行为的影响，在其他场合和情形下则比较少用。

（四）实验法

在人工干预的条件下，通过对研究对象的不同反应进行比较，发现和证实变量之间因果联系的方法。实验法可分为自然实验法和实验室实验法。前者是指利用社会情境的自然状态，将其中的一种情境作为实验组，将另一种情境作为控制组，并观察和比较它们的异同，以解释变量之间的关系；后者是指通过设置实验室环境，将想要控制的变量加以控制，以便观察和发现某些变

---

[1] 朱景文主编：《法社会学》，中国人民大学出版社2005年版，第77-78页。

量之间的关系。在社会科学中，由于研究对象是人，实验室实验法存在伦理问题及其他局限，所以通常采用自然实验法（见图5-2）。[1] 也有学者指出，实验的基本前提是封闭，借此将人为刺激以外的变量排除在实验以外，但在社会科学研究中很难做到完全封闭，从而极大地限制了实验法在社会现象研究中的应用。[2] 在税收立法前评估信息的收集中，该方法也较少运用。

图 5-2 实验法示意

二、评估分析方法

评估分析方法，是指在收集、整理评估信息的基础上，结合具体评估指标对税收立法前评估的各项评估内容展开分析与评价的方法。在税收立法前评估中运用的评估分析方法大体上可以分为定性分析法和定量分析法两大类。

（一）定性分析法

定性分析法（Qualitative Analysis Method），是指评估者根据评估对象所具有的属性和在运动中的矛盾变化，运用归纳和演绎、分析与综合以及抽象与概括等逻辑思维方法，从质的规定性来分析评估对象的一种方法或角度。

定性分析有两个不同的层次，一是没有或缺乏定量分析的纯

---

[1] 朱景文主编：《法社会学》，中国人民大学出版社2005年版，第77页。
[2] 白建军：《法律实证研究方法》，北京大学出版社2008年版，第98页。

定性分析，结论往往具有概括性和较浓的思辨色彩；二是建立在定量分析基础上的、更高层次的定性分析。在实际研究中，定性分析与定量分析常配合使用。在进行定量分析之前，研究者须借助定性分析确定所要研究的现象的性质；在进行定量分析过程中，研究者又须借助定性分析确定现象发生质变的数量界限和引起质变的原因。

定性分析法主要用于确定事物的性质，解决"有没有""是不是"的问题。因此，作为一种评估分析法，定性分析法在税收立法前评估中主要用于对税收立法的实质合法性和实质合理性等带有价值判断的相关评估标准和指标的分析，常用的有规范分析和价值分析两种具体分析方法。

规范分析法，即法的规范分析，是指通过对法律规范的逻辑结构、语言文字、相互关联等展开分析，以探究立法原意的一种分析方法。在法的规范分析中，往往要运用文义解释、逻辑解释、历史解释、目的解释、当然解释、合宪性解释、社会学解释、比较法解释等多种法律解释的方法。

价值分析法，即法的价值分析，是指根据一定的标准，对法律现象（法制度、法实践、法意识）有无价值以及有何种价值进行认知和评价的方法。法的价值分析在实际操作上通常包括法的价值认知和法的价值评价两个环节。

法的价值认知，是对一定法律现象有无价值及其价值取向进行分析。首先要分析法律现象是否有价值，有何价值，以及不同价值取向之间的关系；其次要进一步分析法律现象对于不同主体的价值，即"满足谁的需要"，从而将价值分析具体化。

法的价值评价，是从一定的利益和需要出发，按照一定的价值标准对特定法律现象进行判断与取舍。在进行价值评价时要注意两点：一是价值评价的标准和方法是多元的；二是价值评价不应简单化、绝对化，而应具体化、实证化。

（二）定量分析法

定量分析法（Quantitative Analysis Method），是指评估者依据统计数据，建立数学模型，并用数学模型计算出评估对象的各项指标及其数值，对评估对象的数量特征、数量关系与数量变化进行分析的方法。定量分析法以准确、可靠的数据资料作为评估分析的依据，以严密的逻辑推理和精确的数学计算为基本工具，其标准化、精确化程度较高，因而使得评估结果更为客观。在税收立法前评估中，定量分析法主要运用于对税收立法的成本效益和预期影响进行量化分析。

1. 税收立法的成本效益分析方法

在税收立法前评估中，税收立法的成本效益包括两个方面的评估内容：一是税收立法成果与立法成本的比率；二是税收法律实施可能产生的收益与立法成本的比率。当立法成本和立法收益均可货币化时，可运用成本—收益分析法；当立法成本和立法收益无法货币化时，则可运用成本—效果分析法。

成本—收益分析法（Cost-Benefit Analysis Method，CBAM），是指通过比较税收立法的全部成本和预期收益，将其以货币化的方式表现出来的一种方法。成本—收益分析有两种计算方法，即净现值法（B-C法）和净现值率法（B/C法）。净现值的计算公式为：

$$NPV = \sum_{i=1}^{n} \frac{Bn - Cn}{(1+r)^n}$$

其中，收益流 $Bn = B1+B2+B3+\cdots Bn-1$；成本流 $Cn = C1+C2+C3+\cdots Cn-1$

净现值率的计算公式为：BCR＝收益现值总额/成本现值总额。

按净现值法，只有 B>C 时，税收立法在经济上才是可行的；按照净现值率法，只有当 BCR≥1 时，税收立法的投入才是可取的。

成本—效果分析法（Cost‐Effectiveness Analysis Method, CEAM）是对成本—效益分析法的改进，主要针对税收立法成本与其达到特定目标的有效性程度进行比较。该方法不以货币化为基准，而是比较单位成本的效果如何。

2. 税收立法的预期影响分析方法

对税收立法预期影响的分析，在定量分析方面，可通过建立相应的数学模型，对税收的微观经济效应（税收对微观经济主体的影响）和宏观经济效应（税收对经济增长、经济稳定与社会公平等的影响）进行量化分析。例如，可计算一般均衡（Computable General Equilibrium, CGE）模型就被广泛应用于税收政策的影响性分析。该模型可以对税收政策出台后的情况进行模拟，并与原有均衡形成对照，可提供有关政策影响的信息供决策者参考。[1] 这与税收立法预期影响的评估目的具有很高的契合性，完全可以结合税收立法预期影响评估的需要加以运用。

---

[1] 徐利：《中国税收可计算一般均衡模型研究——兼评增值税转型改革对中国经济的影响》，中国财政经济出版社 2010 年版，第 28 页。

附　　录：中国税种法税收法律[*]

1. 中华人民共和国个人所得税法

（1980 年 9 月 10 日第五届全国人民代表大会第三次会议通过　根据 1993 年 10 月 31 日第八届全国人民代表大会常务委员会第四次会议《关于修改〈中华人民共和国个人所得税法〉的决定》第一次修正　根据 1999 年 8 月 30 日第九届全国人民代表大会常务委员会第十一次会议《关于修改〈中华人民共和国个人所得税法〉的决定》第二次修正　根据 2005 年 10 月 27 日第十届全国人民代表大会常务委员会第十八次会议《关于修改〈中华人民共和国个人所得税法〉的决定》第三次修正　根据 2007 年 6 月 29 日第十届全国人民代表大会常务委员会第二十八次会议《关于修改〈中华人民共和国个人所得税法〉的决定》第四次修正　根据 2007 年 12 月 29 日第十届全国人民代表大会常务委员会第三十一次会议《关于修改〈中华人民共和国个人所得税法〉的决定》第五次修正　根据 2011 年 6 月 30 日第十一届全国人民代表大会常务委员会第二十一次会议《关于修改

---

[*] 除《中华人民共和国印花税法》外，其他税收法律均为现行有效的税收法律。

〈中华人民共和国个人所得税法〉的决定》第六次修正　根据 2018 年 8 月 31 日第十三届全国人民代表大会常务委员会第五次会议《关于修改〈中华人民共和国个人所得税法〉的决定》第七次修正）

（略）

2. 中华人民共和国企业所得税法

（2007 年 3 月 16 日第十届全国人民代表大会第五次会议通过　根据 2017 年 2 月 24 日第十二届全国人民代表大会常务委员会第二十六次会议《关于修改〈中华人民共和国企业所得税法〉的决定》第一次修正　根据 2018 年 12 月 29 日第十三届全国人民代表大会常务委员会第七次会议《关于修改〈中华人民共和国电力法〉等四部法律的决定》第二次修正）

（略）

3. 中华人民共和国车船税法

（2011 年 2 月 25 日第十一届全国人民代表大会常务委员会第十九次会议通过　根据 2019 年 4 月 23 日第十三届全国人民代表大会常务委员会第十次会议《关于修改〈中华人民共和国建筑法〉等八部法律的决定》修正）

（略）

4. 中华人民共和国环境保护税法

(2016年12月25日第十二届全国人民代表大会常务委员会第二十五次会议通过　根据2018年10月26日第十三届全国人民代表大会常务委员会第六次会议《关于修改〈中华人民共和国野生动物保护法〉等十五部法律的决定》修正)

(略)

5. 中华人民共和国船舶吨税法

(2017年12月27日第十二届全国人民代表大会常务委员会第三十一次会议通过　根据2018年10月26日第十三届全国人民代表大会常务委员会第六次会议《关于修改〈中华人民共和国野生动物保护法〉等十五部法律的决定》修正)

(略)

6. 中华人民共和国烟叶税法

(2017年12月27日第十二届全国人民代表大会常务委员会第三十一次会议通过)

(略)

7. 中华人民共和国车辆购置税法

(2018年12月29日第十三届全国人民代表大会常务委员会

第七次会议通过)

(略)

8. 中华人民共和国耕地占用税法

(2018年12月29日第十三届全国人民代表大会常务委员会第七次会议通过)

(略)

9. 中华人民共和国资源税法

(2019年8月26日第十三届全国人民代表大会常务委员会第十二次会议通过)

(略)

10. 中华人民共和国契税法

(2020年8月11日第十三届全国人民代表大会常务委员会第二十一次会议通过)

(略)

11. 中华人民共和国城市维护建设税法

(2020年8月11日第十三届全国人民代表大会常务委员会第二十一次会议通过)

(略)

12. 中华人民共和国印花税法

（2021年6月10日第十三届全国人民代表大会常务委员会第二十九次会议通过）

（略）

参考文献

一、中文著作

[1] 马克思恩格斯全集：第一卷[M]．北京：人民出版社，1956．

[2] 马克思恩格斯选集：第四卷[M]．北京：人民出版社，1995．

[3] 毛泽东著作选读：下册[M]．北京：人民出版社，1986．

[4] 彭真．论新时期的社会主义民主与法制建设[M]．北京：中央文献出版社，1989．

[5] 彭真．论新中国的政法工作[M]．北京：中央文献出版社，1992．

[6] 习近平关于全面依法治国论述摘编[M]．北京：中央文献出版社，2015．

[7] 白建军．法律实证研究方法[M]．北京：北京大学出版社，2008．

[8] 蔡定剑．一个人大研究者的探索[M]．武汉：武汉大学出版社，2007．

[9] 邓世豹．授权立法的法理思考[M]．北京：中国人民

公安大学出版社，2002.

[10] 费巩．比较宪法［M］．北京：法律出版社，2007.

[11] 季卫东．法治秩序的建构［M］．北京：中国政法大学出版社，1999.

[12] 季卫东．法律程序的意义［M］．北京：中国法制出版社，2004.

[13] 黎建飞．立法学［M］．重庆：重庆出版社，1992.

[14] 李林．立法理论与制度［M］．北京：中国法制出版社，2005.

[15] 李林．中国的法治道路［M］．北京：中国社会科学出版社，2016.

[16] 李培传．中国社会主义立法的理论与实践［M］．北京：中国法制出版社，1991.

[17] 李培传．论立法［M］．北京：中国法制出版社，2004.

[18] 李向东．行政立法前评估制度研究［M］．北京：中国法制出版社，2016.

[19] 刘丹．利益相关者与公司治理法律制度研究［M］．北京：中国人民公安大学出版社，2005.

[20] 刘剑文．财税法专题研究［M］．北京：北京大学出版社，2007.

[21] 刘剑文．追寻财税法的真谛：刘剑文教授访谈录［M］．北京：法律出版社，2009.

[22] 刘剑文．改革开放40年与中国财税法发展［M］．北京：法律出版社，2018.

[23] 刘丽．税权的宪法控制［M］．北京：法律出版社，

2006.

[24] 刘莘．行政立法研究［M］．北京：法律出版社，2003.

[25] 罗成典．立法技术论［M］．台北：文笙书局，1987.

[26] 马克垚：英国封建社会研究［M］．北京：北京大学出版社，1992.

[27] 苗连营．立法程序论［M］．北京：中国检察出版社，2001.

[28] 庞凤喜．税收原理与中国税制［M］．北京：中国财政经济出版社，2010.

[29] 齐二石．公共绩效管理与方法［M］．天津：天津大学出版社，2007.

[30] 钱俊文．国家征税权的合宪性控制［M］．北京：法律出版社，2007.

[31] 汪劲．地方立法的可持续发展评估：原则、制度与方法——以北京市地方立法评估制度的构建为中心［M］．北京：北京大学出版社，2006.

[32] 汪全胜，等．立法后评估研究［M］．北京：人民出版社，2012.

[33] 王柏荣．困境与超越：中国立法评估标准研究［M］．北京：法律出版社，2016.

[34] 王乔．法治中国背景下的税收制度建设研究［M］．北京：人民出版社，2017.

[35] 王乔，姚林香．中国税制［M］．3版．北京：高等教育出版社，2018.

[36] 王锡锌．公众参与和行政过程：一个理念和制度分析

的框架［M］．北京：中国民主法制出版社，2007．

［37］席涛．立法评估：评估什么和如何评估——美国、欧盟和OECD法律法规和指引［M］．北京：中国政法大学出版社，2012．

［38］夏征农．辞海［M］．上海：上海辞书出版社，2000．

［39］夏正林，王胜坤，林木明．地方立法评估制度研究［M］．北京：法律出版社，2017．

［40］谢明．政策透视：政策分析的理论与实践［M］．北京：中国人民大学出版社，2004．

［41］徐利．中国税收可计算一般均衡模型研究：兼评增值税转型改革对中国经济的影响［M］．北京：中国财政经济出版社，2010．

［42］易有禄．各国议会立法程序比较［M］．北京：知识产权出版社，2009．

［43］易有禄．立法权的宪法维度［M］．北京：知识产权出版社，2010．

［44］俞荣根．地方立法质量评价指标体系研究［M］．北京：法律出版社，2013．

［45］曾繁正，等．美国行政法［M］．北京：红旗出版社，1998．

［46］张江河．论利益与政治［M］．北京：北京大学出版社，2002．

［47］张尚仁．认识论与决策科学［M］．昆明：云南人民出版社，1985．

［48］郑宁．行政立法评估制度研究［M］．北京：中国政法大学出版社，2013．

[49] 周旺生.立法学教程[M].北京：北京大学出版社,2006.

[50] 朱景文.法社会学[M].北京：中国人民大学出版社,2005.

[51] 朱力宇,张曙光.立法学[M].3版.北京：中国人民大学出版社,2009.

二、中文译著

[52] 拉伦茨.法学方法论[M].陈爱娥,译.北京：商务印书馆,2003.

[53] 霍尔巴赫.自然政治论[M].陈太先,等译.北京：商务印书馆,1994.

[54] 孟德斯鸠.论法的精神：上册[M].张雁深,译.北京：商务印书馆,1959.

[55] 阿尔蒙德,等.比较政治学：体系、过程和政策[M].曹沛霖,等译.上海：上海译文出版社,1987.

[56] 波斯比.政府制度与程序[M].朱云汉,译,台北：台湾幼狮文化事业公司,1983.

[57] 伯尔曼.法律与宗教[M].梁志平,译.北京：生活·读书·新知三联书店,1990.

[58] 富勒.法律的道德性[M].郑戈,译.北京：商务印书馆,2005.

[59] 卡罗尔·佩特曼.参与和民主理论[M].陈尧,译,上海：上海世纪出版集团,2006.

[60] 阿蒂亚.法律与现代社会[M].范悦,等译,沈阳：辽宁教育出版社,1998.

[61] 北野弘久. 税法学原论 [M]. 陈刚, 等译. 北京: 中国检察出版社, 2001.

[62] 金子宏. 日本税法原理 [M]. 刘多田, 等译. 北京: 中国财政经济出版社, 1989.

[63] 威勒, 西兰琶. 利益相关者公司 [M]. 张丽华, 译. 北京: 经济管理出版社, 2002.

[64] 哈耶克. 法律、立法与自由: 第一卷 [M]. 邓正来, 等译. 北京: 中国大百科全书出版社, 2000.

[65] 洛克. 政府论: 下篇 [M]. 启芳, 瞿菊农, 译. 北京: 商务印书馆, 1964.

[66] 斯密. 国民财富的性质和原因研究: 下卷 [M]. 郭大力, 王亚南, 译. 北京: 商务印书馆, 1974.

[67] 詹宁斯. 英国议会 [M]. 蓬勃, 译. 北京: 商务印书馆, 1959.

三、中文期刊论文

[68] 程祥国, 李志. 刍议第三方评估政策对我国的启示 [J]. 行政与法, 2006 (3).

[69] 邓辉, 王新有. 走向税收法治: 我国税收立法的回顾与展望 [J]. 税务研究, 2019 (7).

[70] 康建军, 李彩青. 八论税制改革——税收立法 [J]. 山西财政税务专科学校学报, 2018 (2).

[71] 刘风景. 第三方立法前评估的制度设置与具体实施 [J]. 江汉论坛, 2019 (8).

[72] 刘莘, 王凌光. 税收法定与立法保留 [J]. 国家行政学院学报, 2008 (6).

[73] 刘佐.60年来税收立法的简要回顾与展望 [J].税务研究, 2014 (9).

[74] 苗连营.纳税人和国家关系的宪法建构 [J].法学, 2015 (10).

[75] 乔晓阳.地方立法要守住维护法制统一的底线——在第二十一次全国地方立法研讨会上的即席讲话 [J].立法新视野, 2015 (3).

[76] 覃有土, 等.论税收法定主义 [J].现代法学, 2000 (3).

[77] 唐莹莹, 李锦.立法影响评估的程序设计与方法研究 [J].北京人大, 2012 (11).

[78] 涂京骞, 涂龙力."十二五"时期税收立法问题展望 [J].税务研究, 2011 (1).

[79] 王刚.地方立法权扩容背景下律师参与立法前评估问题研究 [J].大连干部学刊, 2019 (5).

[80] 王锡明.立法前评估是提高立法质量的积极举措 [J].人大研究, 2012 (11).

[81] 王新鹏.立法前评估概念阐释 [J].广西政法管理干部学院学报, 2019 (1).

[82] 王颖.税收法定与税收授权立法 [J].江西财经大学学报, 2006 (6).

[83] 魏玲, 马艳君.地方立法前评估：评估什么和如何评估 [J].人大研究, 2020 (4).

[84] 席涛.立法评估：评估什么和如何评估（上）——金融危机后美国和欧盟立法前评估改革探讨 [J].政法论坛, 2012 (5).

[85] 席涛.立法评估：评估什么和如何评估（下）——以中国立法评估为例 [J].政法论坛，2012（9）.

[86] 徐鹏飞，赵莉莉，张钦.山西省设区的市构建地方立法前评估机制探析 [J].中共山西省委党校学报，2019（4）.

[87] 徐平.国外立法评估的启示 [J].人民论坛，2010（11）.

[88] 叶继林.立法权扩容背景下地方立法前评估的必要性及其评估 [J].萍乡学院学报，2020（5）.

[89] 尹宁，潘星容.程序公正的价值——兼议实体公正与程序公正冲突的解决 [J].政治学刊，2009（6）.

[90] 俞荣根.地方立法前质量评价指标体系研究 [J].法治研究，2013（5）.

[91] 翟继光.税收法定原则比较研究 [J].杭州师范学院学报，2005（2）.

[92] 张富利，袁镇.生态环境保护地方立法前评估机制探索——以福州三江口湿地立法前评估为样本 [J].北京科技大学学报（社会科学版），2020（3）.

[93] 张守文.论税收法定主义 [J].法学研究，1996（6）.

四、中文学位论文

[94] 白艳芳.欧盟立法前评估制度研究 [D].太原：山西大学，2017.

[95] 剧琛颖.我国地方立法前评估问题研究 [D].保定：河北大学，2020.

[96] 李晶蕊.设区的市立法前评估指标体系研究 [D].武

汉：华中科技大学，2019．

[97] 刘楠．论法治社会下法律程序的价值和功能［D］．大连：辽宁师范大学，2006．

[98] 刘怡枫．我国地方立法前评估机制研究［D］．南宁：广西大学，2019．

[99] 欧荣凯．地方立法前评估制度研究：以评估规则为重心［D］．成都：四川省社会科学院，2020．

[100] 田超．立法前评估报告的回应机制构建［D］．太原：山西大学，2020．

[101] 王静．立法前评估对象研究［D］．太原：山西大学，2018．

[102] 王璐．地方性法规立法前评估制度研究［D］．呼和浩特：内蒙古大学，2018．

[103] 王胜坤．立法前评估制度研究［D］．广州：华南理工大学，2019．

[104] 仵琼．立法前评估标准研究［D］．北京：中央民族大学，2016．

[105] 许虹．美国立法前评估制度研究［D］．太原：山西大学，2017．

[106] 杨越．立法前评估主体制度研究［D］．太原：山西大学，2019．

[107] 张莹．立法前评估指标体系的构建［D］．太原：山西大学，2016．

[108] 赵嘉廷．地方立法前评估：以评估的指标为视角［D］．兰州：兰州大学，2019．

[109] 周俊鹏．论税收立法权的纵向配置［D］．北京：中

国人民大学, 2008.

五、外文类

[110] B. BOZEMAN, J. MASSEY. Investing in Public Evaluation: Some Guidelines for Skeptical Public Management [J]. PAR, 1982 (3).

[111] EVERT VEDUNG. Public Policy and Program Evaluation [M]. New Brunswick and London: Transaction Publishers, 1997.

[112] JOSEPH S. Wholey. The Role of Evaluation and Evaluator in Improving Public Program: The bad News, The Good News, and A Bicentennial Challenge [J]. Public Administration Review, 1976, 36 (6).

[113] JOSEPH S. Wholey. Evaluability Assesment, in L. Rutman ed: Evaluation Research Methods: A Basic Guide, London, Saga, 1977.

[114] POSNER. Economic Analysis of the Law [M]. Little Brown and company, 1986.

[115] R. EDWARD FREEMAN. Strategic Management: A Stakeholder Approach [M]. Pitman Publishing Inc, 1984.

[116] Revised RIA Guideline: How to Conduct a Regulatory Impact Analysis (Ireland).

致　　谢

　　本书是在本人博士后出站研究报告的基础上修改而成的。我在研究税收立法的过程中发现自己对税收理论和制度不甚了解，这极大地制约了研究的深度和广度，刚好又在财经类院校工作，学校有实力雄厚的财税学科，便萌生了在财税领域做博士后的想法。承蒙蒋金法教授不弃，愿意担任本人的博士后合作导师，遂如愿进站。入站后不久，即发表了与博士后研究课题相关度较高的三篇C刊论文，研究课题也获得中国博士后科学基金面上项目的资助。这些成果的取得，与合作导师的悉心指导密不可分。值此出站研究报告成书出版之际，对导师的辛勤付出及多年来在工作和生活上对本人的关心，表达深深的谢意！在站期间，于博士后研究课题开题、中期考核及出站研究报告评审、答辩等环节，王乔教授、邓辉教授、李春根教授、匡小平教授、席卫群教授、王耀德教授等，在课题和出站研究报告的选题、框架、进路、方法等方面提出了许多很好的建议，也指出了存在的一些问题，对课题研究的顺利开展和出站研究报告的完成，起到了极其重要的作用。在博士后的日常管理中，博士后流动站管理办公室的刘剑玲老师不辞辛劳、认真负责、热心周到的工作态度和工作热情，令人钦佩和感动，于本人也多有助益。在此也表达诚挚的谢意！